WORDSEARCH
for Happiness

WORDSEARCH
for Happiness

This edition published in 2021 by Arcturus Publishing Limited
26/27 Bickels Yard, 151–153 Bermondsey Street,
London SE1 3HA

AD007984NT

Printed in the UK

```
S M L R D E I Z K T G D C
V M A A F F Y F E L R H A
N E O Q I H K B M A Z Z I
A K L O O V E B H U I W N
T A A V T R I T M D X O O
U C M T U H O R N A T K M
R F R S M N S Z T R X Y S
A O O C U L M A O G L S M
L E F R A S E U I C E C W
G C N F C L B B I L A K T
B E I W P L M N N S I H L
A I N M E Y C I U Z G N S
S P I T R H A A F I R D G
I S W S L P L D L N E G T
C X C A R E F R E E A J A
```

BASIC

CALM

CAREFREE

CASUAL

CINCH

GENTLE

GRADUAL

INFORMAL

LIGHT

NATURAL

NO TROUBLE

NOT HARD

PAINLESS

PIECE OF CAKE

SIMPLE

SMOOTH SAILING

SURE BET

TRIVIAL

Birds

```
T A E L G A E X P H Z U I
Y E N V R X G E F E H G L
S J N N O U R I S D T V Z
M C O N E D E O X R T I E
A A E W A X O R A Q Q E K
L P G N L G O G R E B E C
L D I P C B I G K X U Y M
A B P Y I R Z C S Z L P E
R O S N E E O O D G L H Y
D A D G P C V T G C C G E
U C D S W Y P B O N P L R
S U N O J P I P I T F R P
B T N O C L A F Y T O O S
P S V R E V E T L A S O O
A E Y O W A D K C A J K I
```

BUDGERIGAR	MAGPIE
DOVE	MALLARD
EAGLE	OSPREY
FINCH	PIGEON
GANNET	PIPIT
GOOSE	ROBIN
GREBE	ROOK
JACKDAW	SNOWCOCK
KITE	SOOTY FALCON

It's never too late
to have a happy
childhood.

Tom Robbins

```
Y R O S U L L I S O R E M
R J D P F A N T A S T I C
O N E E Y E P H X K R D G
S B T C R R U O V A A R K
L Y N T G N D M C V R I I
U R E R C U U U K Y T E T
S A V A I N L Q L V I W A
G D N L W O N D E R F U L
E N I Y U F R F T K I V I
Y E I S L A K N N N C T S
F G R H Z T Z E I R I A M
B E V I C V S F K Q A G A
F L W V E T L O B I L Z N
I E X O M E I I H R H G I
H O Y I N L M W B G B V C
```

ARTIFICIAL

EERIE

ELFIN

FANTASTIC

FEY

GHOSTLY

ILLUSORY

INVENTED

LEGENDARY

MIRACULOUS

SPECTRAL

TALISMANIC

UNCANNY

UNREAL

WEIRD

WITCHING

WIZARDLY

WONDERFUL

Moons of Our Solar System

B A E H R D F T X T S E I
O K D Q I A O E J C U N X
M C Z E N T R I T O N C C
C E R U I V N L W A A E I
E E L E A M J U G R J L H
N B J R S L O J B O D A M
D R I J H S T S T D H D L
M E N X R W I X S N N U I
L E O A E E O D K A W S T
A A I M P I G N A P L Q C
I D R I E O N P L M Q T K
F Z E O S I R W Y Z D L A
E A P L L I O U K H J V P
Y C Y J O A I L E D R O C
Q E H K D J R Y O I G T Q

ARIEL	JANUS
ATLAS	JULIET
CORDELIA	KALYKE
CRESSIDA	LEDA
DEIMOS	LUNA
ENCELADUS	NEREID
EUROPA	PANDORA
FORNJOT	RHEA
HYPERION	TRITON

```
M S U E G V L W E N S S T
M D S U E E C L D N U Q X
F O Q I L N E M Y O N K E
R T N T E P T I N P T J V
I U S J H W R F I H P N P
Q A C A M E L A R K D O Y
C A N G M L V E H E T P P
J T G U R A E Y D V U Z S
G O D A D C L A O E L R Q
H O C R R A H L N Y I M M
O Z D O T L F I B T P M V
F L W I L G N O C L A F
R N I A L X E D M D D Z N
S N I V E U G E N T I A N
G W C I E X B N K H M O Z
```

BULLDOG	JAGUAR
CAMEL	LEEK
CASTLE	LINDEN
DAHLIA	LLAMA
EDELWEISS	OLIVE
ELEPHANT	POPPY
FALCON	ROSE
GENTIAN	THREE CROWNS
HARP	TULIP

High Altitude Towns and Cities

```
E A T O S I S O T O P J U
Z B N X Q S E G G G N U Q
A U J K M L L B E J U F P
P A C H U C A D E S O T O
A C B U U B I F D K Z U T
L K Q S E K P O Z I S N B
S L C A P N I T S V D J W
N O R H X L C L Q D U A E
U C G C O C H A B A M B A
T Q M A A T T L O A L P T
I W C O M I M E G R O Z U
P T H S A O H J O J G T L
G A B A C A S C T B V X C
A S A H L K I O A N B B A
E F D K P P Y L Z W V P N
```

BOGOTA

CHIA

COCHABAMBA

CUENCA

CUSCO

EL ALTO

GOLMUD

IPIALES

LA PAZ

LHASA

PACHUCA DE SOTO

POTOSI

PUNO

SACABA

SOACHA

SOGAMOSO

TULCAN

TUNJA

```
R E W O L F N U S W H D S
N S S U A Z S U N R E U U
S U U Z I U X U K N N A N
U D N N D T S U N S E T E
N S D U N A U A U S I Z K
D U E S U N T N E E U K O
R N W U S N K S U L A I R
E B E N U E S S N K Y T
N E D S N A U U Z U C A S
C A R R L W P N N S E D N
H M S G A S O F U D D N U
E H N U S W U D S M N U S
D U P A N V N U N Y U S T
S W O B N U S U O U S D H
G O D N U S M T S K S U N
```

SUN DECK	SUNFLOWER
SUN DOG	SUNGLASSES
SUNBEAM	SUNKEN
SUNBOW	SUNLESS
SUNDAY	SUNSET
SUNDEW	SUNSTROKE
SUNDIAL	SUNSUIT
SUNDOWN	SUNTANNED
SUN-DRENCHED	SUNWARD

Hands

```
P M G L Y P Y Q S R G T Z
B R V W A A P W U A P H F
O I I L K Z R G P N U G N
R G M N S I U N R E N I B
Q S G H T F W I A H C R L
S K N I S S P H C T H W H
J L N U I I F S A K I W M
A G I U R Q M A T S N F E
Y H L A W A R W E I G M J
W A V I N G S L M G G X I
L O Q U U P C T K I E I X
E B A D G I O O S L O O D
F L B Y T Q S N L I Q V X
T T H U M B S O N U F N C
Q U C B A Z P Y I B P P F
```

CUTICLES

DIGITS

FISTS

LEFT

MANUAL

METACARPUS

NAILS

PALMS

POLLEX

PRINTS

PUNCHING

RIGHT

THENAR

THUMBS

WASHING

WAVING

WRISTS

WRITING

Dams

```
R A F C C I E O M V K U J
O U H M A N G L A C I X J
F V S M O J W P D A E R M
N V D Z P W L I H Q V O S
G D Z E R S D R H B H S I
R U U A R U C I L A Q E C
L O U D F A A B L T S L U
P P E O E N R E H B Z E A
O M A F G R A T C P F N O
T T E T L U I V F M H D G
Y M A D A R B N L I W K I
P K N K O T M U E I W M O
S A E B A K U N P R S S A
Y W T A Y T T R L U X A H
X B U I Y I I I K P K M E
```

ALICURA	MOHALE
ATATURK	OAHE
BAKUN	PATI
BEAS	PUBUGOU
DERINER	ROSELEND
ITUMBIARA	SILVAN
KIEV	SWIFT
LUZZONE	TABQA
MANGLA	TAKATO

```
A X S I G Y H A L C I N A
L L I D F I D E L I O V L
U W A O T I A L E M E S S
L F H M A R I O D A N T E
E H T E B C A M N O R M A
E U T N L Q A C U H T L I
D R P E D R N M P G X N X
E L G O T B I U H M A A O
M Y E K P O I E L T Y D C
G E E S T A W C I U M N C
T L M E R W T R F C L E U
E F L O F E U O W D J K B
O L D E L P S T S H P A A
O C D N I A N P O C K M N
V E L E M E S S F T A G J
```

AIDA

ALCINA

ARIODANTE

ELEKTRA

FIDELIO

I PURITANI

IDOMENEO

LULU

MACBETH

MEDEE

NABUCCO

NORMA

OTELLO

SALOME

SEMELE

SERSE

THAIS

TOSCA

Rivers of the USA

```
O U Q A T G A Z S A Z D B
V M L D L O S C I O T O I
P I L R A E P C D F H E Y
G V N M S C F W F W C E X
J F I K L R E B M U L M A
S A T I L L A F V L D U G
Q Z N G C O O S A U A A Y
V C P Q G E G V A Q C M H
H U R O N O T E E Q I F V
X V X W T R S N U K M W B
S R T R A O P M O H A W K
R S B G R W J V R S R N N
K O Y U K U K H F N R X S
U T A C A I K B A P O A A
Y I P Y W K A T A O N T C
```

CARSON	MOHAWK
CIMARRON	NOATAK
CLINCH	PEARL
COOSA	ROSEAU
GILA	SALT
HURON	SATILLA
KOYUKUK	SCIOTO
LUMBER	SNAKE
MAUMEE	TYGART VALLEY

```
R S T R V U C E N R Y S L
O K Y T O A N C I E N T C
D O F U R M U S D D L N R
U O O V S S A L A X S E Y
T B I Q C N B N T C N M W
P N Q I R I B F H S M U I
G Z L P O N A O F U Y C V
J E N W L Q O S M T W O X
R H Z M L L F I O V Z D H
D R G A T E O C T M R C R
T I S R Z C S S P A B I B
Q K I J X Q S X Q S N O L
Y P E G A T I R E H N O C
C A S E S O L K E E R G D
Z E N B T T S B S M S V M
```

ANCIENT	HERITAGE
BONES	MOSAIC
BOOKS	MUMMY
CARVING	RELICS
CASES	ROMAN
DOCUMENTS	SCHOOL TRIP
DONATION	SCROLL
FOSSILS	TUDOR
GREEK	VAULTS

H	Y	D	N	U	L	Y	E	N	K	R	O	Q
E	A	C	O	L	O	N	S	A	Y	N	W	H
I	R	Y	Y	U	N	B	Q	R	T	G	N	R
K	U	G	L	U	R	S	B	R	M	S	T	E
S	J	G	N	I	K	A	A	A	Y	H	R	H
S	A	V	R	I	N	T	O	R	G	L	A	Y
T	Q	N	B	Z	D	G	Y	I	K	R	M	R
M	S	D	D	F	D	F	W	D	J	P	S	B
A	N	S	K	A	Y	F	U	U	W	Y	E	I
R	M	A	N	Y	O	C	T	R	E	N	Y	P
T	I	R	E	E	G	K	V	H	Z	D	G	J
I	O	I	L	S	V	G	T	H	L	E	C	E
N	T	S	A	Y	R	R	O	J	N	K	Y	H
S	I	C	I	K	O	E	J	K	S	K	H	I
Z	Y	E	V	N	A	C	M	E	S	F	W	A

ARRAN	MERSEA
BRYHER	NORTHEY
CANVEY	ORKNEY
COLONSAY	RAMSEY
FURZEY	SANDA
HAYLING	SARK
ISLE OF WIGHT	SKYE
JURA	ST MARTIN'S
LUNDY	TIREE

"G" Words

```
G E S C G E T I U O L Y G
K O W E B M E S T E D F B
G G S G S C O G R R N D I
E A B T Y S E O C A G G R
P G A B G S E G R C E W B
C N U F L A G D U G M G M
G U I N E A M B D R Q A M
H G G Y P S Y U R O U T M
F E H G B O U D T G G S Z
E G O I R I W G U N Y E A
I U F G N F R D Z A R U G
R T L Z G E G X E N G G L
G T G G B D C Y E R G G O
A E M E T K O G I Z Z I V
G R S S L A O G U G F Y E
```

GAMUT	GREBE
GAUDY	GRIEF
GEARS	GROOM
GENRE	GUEST
GLOVE	GUINEA
GLUE	GUNPOWDER
GNATS	GURU
GOALS	GUTTER
GODDESSES	GYPSY

Flowery Girls' Names

CICELY	LAVENDER
DAVIDA	LILY
FERN	MAY
FLORA	MYRTLE
HOLLY	SAGE
HYACINTH	SORREL
IRIS	VERONICA
IVY	VIOLET
JASMINE	ZINNIA

Each moment of a
happy lover's hour is
worth an age of dull
and common life.

Aphra Behn

Sixties Musicians

```
K P V T H F U E M J Y V U
M M J F Q E W L I C H E R
O N A V O N O D U L N Y F
N S A M M U E N F L L Q Z
K B S E M E R P U S L I I
E A R L O G U T H R I E M
E L V A E E A C O P P C O
S X V N T N Q Y B P A U O
S K N I K E A T O O S H D
A I U E S P S N S G W M Y
N K K Z U I T M I E V K B
T I V H Y T O X H M J E L
A D K Q J N M T U C A B U
N E A I D E E S Q Z T L E
A E W S O Y L U O Q P U S
```

ANIMALS	LULU
ARLO GUTHRIE	MELANIE
CHER	MILLIE
DONOVAN	MONKEES
ELVIS	MOODY BLUES
FOUR TOPS	OSMONDS
GENE PITNEY	SANTANA
KIKI DEE	SUPREMES
KINKS	THE WHO

Puzzles

U	G	C	S	V	T	I	L	E	D	D	Z	W
E	N	A	I	O	R	U	K	A	K	A	W	R
I	D	I	F	F	E	R	E	N	C	E	S	C
O	M	L	Z	N	B	C	T	R	X	Y	O	S
D	Z	A	U	B	U	E	O	R	H	D	E	M
D	X	U	G	G	S	S	J	C	E	Z	S	Y
O	Q	K	D	I	T	Q	I	S	A	H	T	B
N	N	O	H	I	N	T	S	M	U	S	O	V
E	U	D	C	J	P	A	D	B	S	U	R	E
O	M	U	U	Y	X	G	T	B	E	G	Y	V
U	B	S	R	G	Z	H	O	I	T	A	W	D
T	E	C	R	I	D	D	L	E	O	B	O	O
V	R	I	Q	D	S	M	R	O	U	N	R	I
Z	D	L	Y	C	I	G	O	L	Q	S	D	Y
S	S	Q	H	R	U	H	W	I	H	Z	O	D

ACROSTIC	NUMBER
CODES	ODD ONE OUT
CRYPTIC	QUOTES
DIFFERENCES	REBUS
GRIDS	RIDDLE
IMAGINATION	STORYWORD
KAKURO	SUDOKU
LOGIC	SUMS
MAZES	TILED

Photography

```
S R Z S P Y X L S N F G O
R H Z N N V S F I E M S L
C C U C D E B N B E P E T
A M M T I X L U A Q A I R
S S F L T D K M L P X T A
S S E I E E Q B O B S S N
E Q E K S P R E T O P J S
T B C N N J R R N A Z C P
T H X A I R N I N L R O A
E F I L M N J N N Z E C R
O F J P R E I O E T N X E
B L T R R N R A Z G O T N
O A B I G G Z A R Z T Q C
R R L S S U N L I G H T Y
M E F M M A I F F J W C Z
```

BULB	PRINT
CAMERA	PRISM
CASSETTE	SEPIA
FILM	SHUTTER
FLARE	SNAPS
F-NUMBER	SUNLIGHT
GRAININESS	TONER
INSET	TRANSPARENCY
PANNING	ZOOM LENS

Starting "CON"

```
H C O N E C O N V I C T X
C M O Z C W F S W O K J E
P C S N E O S J N H D U V
C E O W S E N T Q C Y T N
O C N N R I R G O N R C O
N T O G Y I S N O O O O C
F U N N T Z C T K C T N O
U O T E S E T N U G A S N
C O N G R P V O T C V O C
I X E T E R I C C O R M E
U W I C M P U R J N E M I
S N N S T N O C E T S E T
A O C O N S I G N R N L D
C T C A R T N O C O O O S
C O N K U N O C R L C Q C
```

CONCEIT	CONSIGN
CONCEPT	CONSIST
CONCERTINA	CONSOMME
CONCH	CONSPIRE
CONCURRENT	CONTRACT
CONFUCIUS	CONTRITE
CONGO	CONTROL
CONGRESS	CONVEX
CONSERVATORY	CONVICT

Pets

```
C C P Q M E M P T E Z M T
A U O A Z K I M J T T E A
N R A U R E L N E V X S C
A E A E M R R S P K D O T
R H W T L E O E L D F O S
Y Q B W D M S T S P D G C
C O A I R I G C L U O E R
O L P A O K O B C A O C S
C S M T N L K T Y N M G
K U R V V E D D O N K E Y
A O L R V F M N O P S V
T Z L K L R I R E S R O H
I Q Q H G E S C O K M U S
E N F O R F H Q D G X B E
L Q D P D A Y V E T W A J
```

CANARY	GOLDFISH
CAT	GOOSE
COCKATIEL	HORSE
DOG	MARMOSET
DONKEY	MOUSE
DUCK	PARROT
FERRET	RAT
FROG	SPIDER
GOAT	TORTOISE

Six-letter Words

```
D R E T S I S M O G S W H
E Y S I N E T T O R C V U
T L Y E B E J F J E R Q S
T Z K O Y L T S O M E B S
U O C Y P O L A J A E H E
J R R K T L D R B R N J I
Y S K Q W M A E E K W P Z
C A C N U R X C Q D O H E
Q I D R E E A R E L N J D
D P O N M C M N E D G A A
E U G U O B Y P G O F B S
Q W O M D M M Z A E C I W
J T M K R O Z T O M R A M
P I E J C N O I T C A Q F
T R U G V C N K E M Y O G
```

ACTION	QUORUM
COMMIT	RANGER
COMPEL	REMARK
JALOPY	ROTTEN
JUTTED	SANDER
MARMOT	SCREEN
MONDAY	SEIZED
MOSTLY	SISTER
PLACED	TORQUE

Tunnels

```
I H E D O F M X H Y D T J
M D A G D A K E I W M N R
V M I Q O T R O P M O S X
S H I N K A N M O N U Z D
K O N A K M L A Q U N V H
J A A K O A C N Z T T A A
F G K H R Y A I N S M G R
D R I U P I M E R B A L U
X E E R T I N R E F C I N
U B S J H O A E U H D A A
J L O S U Y S V A W O F W
T R I D D S A N T C N H V
J A W P R L N M B N A L U
D M T I Q E E E X B L M O
E H Y G L H A K K O D A N
```

ARLBERG	KAKUTO
CHANNEL	MOUNT MACDONALD
DAISHIMIZU	ROKKO
ENASAN	SEIKAN
FREJUS	SHIN-KANMON
HAKKODA	SOMPORT
HARUNA	TAUERN
HIGO	VAGLIA
IIYAMA	VEREINA

Agree

```
J P E C S E I U Q C A O X
F A U G E T O N W I T H K
C I Z T E F E O D S A D K
T K T E N L Y N X Z N D R
E T M T T E L D Y O E R Z
V U D T O D S T P G T O Y
E W E O C G C S A V Y C C
S S A I T O E G A H F C Q
R I O V N R N T R Y I A E
O N U C R E F T H E T H P
D K E O B W Y N R E A E H
N D C M C I S N C A R K C
E J S P E Z Q U L M C B T
S O T L J D E T I H C T A
G C D Y O U N T R T U M M
```

ACCORD	FIT TOGETHER
ACQUIESCE	GET ON WITH
ASSENT	MATCH
COMPLY	MEET
CONCEDE	PERMIT
CONTRACT	RATIFY
CORRESPOND	SETTLE
ENDORSE	SUIT
ENGAGE	YIELD

Ironing

```
M E R O H C A S E M A R U
O H P K S N S T A N D D G
N P Y R E L H M J I S P M
C C L N E S O T A V D A G
E L I E Z S C O F E T E Y
I L O F A A S O W E S N C
C W E T A T T U R L T O O
A U I Z H C S I R C T T N
J I F F W E A N U E H T T
S R F F P L S O Y L L O R
T W A Z S Y N L R A Y C O
E U J L D F R Y V N R M L
A R G R L B F N E U K P O
M T O E W O R T C K F F S
C C R U X Y C I F K I K K
```

CHORE	NYLON
CLOTHES	PLEATS
COLLAR	PRESSURE
CONTROL	SCORCH
CORD	SEAMS
COTTON	SPRAY
CUFFS	STAND
LINEN	STEAM
MATERIAL	WOOL

Musical Instruments

```
P L A G H A B X V E D M B
D E E J Y B I I S M L V E
R F M E N Z O I Z Z E R N
O I P Z T L S X T M S R S
H F T R I A N G L E O E E
C L R N S T X B M H P S T
I W L E E M H I L I T S E
S U I E O L H E P G U R G
P B T J B C G N R I Y R N
R A U J O U A O W L Z Z O
A S B N L P I A N O T R G
H S A F Y D I Q T O I F U
W O S O L L E C T A B O R
K O U K A F A R E L D P E
J N E N O H P A S U O S H
```

BASSOON	OBOE
BELL	PAN PIPES
CELLO	PIANO
CHIMES	SOUSAPHONE
FIFE	TABOR
FLUGELHORN	TRIANGLE
GONG	TUBA
HARPSICHORD	VIOLIN
LYRE	ZITHER

Nocturnal Creatures

```
X Y B A B H S U B G R Z S
P O T C J E G B C I E V X
L G F A Q J D V N L W L X
A N H D O C E L O T A R O
T I M O E T U M K K D K L
Y D Z A L R S A C O N U G
P D Y Z N E D O E A A E E
U X W W R E G I T D P L Y
S U P M C U D Z K P D B A
N V Z O L Z W W Z C E J E
O J Z O L T C M O A R W Y
V T C S O E P W V L V P A
Q E T O Y O C E I V F U B
A E I E P T R A M G X M J
V K S V R C N E T T U A V
```

AYE-AYE	OCELOT
BEAVER	OTTER
BUSHBABY	PLATYPUS
COLUGO	POLECAT
COYOTE	PUMA
DINGO	RED FOX
KOALA	RED PANDA
MANED WOLF	STOAT
MOLE	TIGER

Beer

```
I M T T D Y X I W R H C M
L A G E R E R S A Q T M T
S R N N M K K E F X G I W
F W H B V P E O W M N B H
L E E O A G E G M E E A G
L I R E P R Z R S S R Z C
E E Q M T S R O A V T B J
D Y L U E N H E E T S W C
E B W A O N E S L U U A N
M E L D L R T S G O G R A
S B N D R A G A S T V O E
M K L E L N E A T S I M F
E I S E N K E R U I X A S
M I S A E X D Q F X O U L
A E A Y C I P S Z Z M N O
```

AROMA	LIQUOR
BARREL	MILD
BREWERY	REAL ALE
CASKS	SMOKED
FERMENTATION	SPICY
HARVEST ALE	STOUT
HOPS	STRENGTH
KEGS	SWEETNESS
LAGER	TEMPERATURE

Winter

```
E I K C A S D S H A V E R
S Y A E G Y D E F V S L F
E W E O R L R P Y T T C R
S S L O O A D T O H I I A
H E B C O C E V N G H C C
S Y S M O S X Y W I T I S
L T L P V U K A W N W T M
E S U L M V G A P E G Y I
E E A Y I U K H T R N H Y
T D U N P H B U Y I B C A
C S E L A G C E T F N Y R
D O H H U T E Z S N K G A
M O A A N A H G U O W E M
Z T E L J O A F G B O N E
S K A Y S R E V I H S G N
```

BLEAK	HATS
BONFIRE NIGHT	ICICLE
CHILLY	LOGS
COALS	NEW YEAR
COLDS	SCARF
COUGH	SHIVERS
GALES	SKATING
GOOSEBUMPS	SLEET
GUSTY	WINTRY

A mother's happiness
is like a beacon,
lighting up the future
but also reflected on
the past in the guise
of fond memories.

Honoré de Balzac

In the Shed

```
E K A L Y M E E K A R J E
H O S E P I P E B F G G T
R Z V Z Y A T B O N S D O
X E C J U L I R I L W F S
B A D X S C K R E S R B O
V Y V D Y Q T B M S S W E
L S J C A S A E Q T T U R
A A L V M L S C E J V L C
U E W H T R A P A R P S E
F S Q N O A S S E I Z R L
A B A H M T M M A L L E T
W L W C O O M R V O W D A
P A K O K A W O J O C I O
S Z L V H S T E R N D P Y
Z W A E N I W T R F B S T
```

BICYCLE	RAKE
CREOSOTE	SACKS
FORK	SAWHORSE
HAMMER	SPIDERS
HOSEPIPE	STEP STOOL
LADDER	STRING
LAWNMOWER	TRESTLE
MALLET	TROWEL
PLANT LABELS	TWINE

✿ Words Associated with China ✿

```
Z D G E S K R T T K V K X
U X N S N C A H A V U E E
G N O T A P H O A I W T G
I G O U Z J C O N L C C U
K F U F G N U K W I T H P
U F G N U N Q T N M N U I
G Y E G G M T O E O E P C
N Y R N T H O A U H K I X
E U N F G H O W U A Z R N
S L Q F P S Z C O Q I I E
N Y S Y M Z H L C T M S Q
I C T I R V I U D H W U S
G H C W L N X O I O N O K
P E K O E K N S Z E G T K
P E B K L Z H G Z A D W Q
```

CHAR	KUNG FU
CHOW MEIN	LYCHEE
FENG SHUI	PEKOE
GINSENG	SILK
GUNG-HO	T'AI CHI
KAOLIN	TOFU
KETCHUP	TONG
KOWTOW	TYPHOON
KUMQUAT	ZEN

Opposites

```
Y K R I L G N I K A W Y G
B I D Z M A F T E R C N W
R F H I I A C T N R J O B
A U A H S O Y I Z C L R J
E R P H E T K N T S F I E
N T P L R S A W M R A V K
X H Y X A D G N A A E G G
R E P S B G K I T R W V N
W R G G L B S C O L L C I
B H I S E E C F I J I C P
E L I J D O E F H U T Z E
H Y A T P B S V Q U Q A E
F R F C E R D E R E W O L
K A R Y K C L O S E R X S
D C L A T N O Z I R O H V
```

AFTER	HORIZONTAL
BEFORE	VERTICAL
BLACK	LOWERED
WHITE	RAISED
CLOSER	QUICK
FURTHER	SLOW
DISTANT	SLEEPING
NEARBY	WAKING
HAPPY	
MISERABLE	

❁ Nobel Peace Prize Winners ❁

```
B Z H F F N K L D T K P S
W J H Y E B R V A S E F B
C T P Q U L A L S K L W D
F E D N R B B W K D L L E
T M C G B T I M A C O O Q
K H A I O X N E I J G D V
E I Q R L H J F K R G I G
T H S U N U Y S B S T Z Y
O W E S N M R R X X W T E
B H R G I A A E F Y U M C
O E E S M N O F H T U X G
A B P M D D G U U H Q E O
I P A T Y E L E B J B C H
X H M M L L T K R E I L X
G P D N A A R N I G E B L
```

BEGIN	MANDELA
BRANDT	OBAMA
BUNCHE	PERES
CECIL	RABIN
DAE-JUNG	ROTBLAT
HAMMARSKJOLD	TRIMBLE
HUME	TUTU
KELLOGG	XIAOBO
KISSINGER	YUNUS

Canadian Lakes

```
E F T E R A S J U A K N E
N O G K A P O I N T A A H
A N J B B R E O M P D I U
U T S V I U T Q A Z K D H
L A L A S S F K L D E N O
K R Q I A T T F Q V K I T
O I C L N U C K A S W N T
P O L N L Z E L I L M R A
K O S I I H S M A C O E H
W L K C E T A Y A I Q H J
S E R T A G L P T J R T X
V E Q E J M D E R P C U Z
E Q R D E A Z O U K C O Y
Q G M R P I K Z C N Y S G
Y T K A U J S E B E T F S
```

AMISK	NAPAKTULIK
ATLIN	NUELTIN
AYLMER	ONTARIO
BUFFALO	POINT
CREE	SOUTHERN INDIAN
GREAT SLAVE	ST CLAIR
HOTTAH	TEBESJUAK
KASBA	TEHEK
KLUANE	WOLLASTON

Look

```
R Z W F T B N Y H N Z I I
E P E R U S E R V Q A J R
E V F U O R K W E H B C I
L U I B E I F H P C U N S
O E X G K D R K E G S U K
H W A A A K Y V G P V I U
L R T S M X I Q E V B O D
D P E N Y E L C T Y I Q G
Y W S Z C W T A F N A E T
O A D R H Q S F W N A Z W
Q G E S S V N E W Y E A W
I P L T N S K O Q J R G J
L F U E B K C Z Y B A V N
K D L O H E B S Q P T C B
Y P X C W D O D E C S J B
```

BEHOLD	OGLE
DISCERN	PERCEIVE
FIXATE	PERUSE
GAPE	REGARD
GAWP	SCAN
GAZE	SPY ON
INSPECT	STARE
LEER	STUDY
MAKE OUT	VIEW

Cell Phone

```
S N O I T A S R E V N O C
A G L I M T K L G A M E S
W K H D I N I Q M G G E I
T A E K I G N D P E Z S L
W I R E L E S S Y E I R G
C A C A L L O G G I N G
C E M O C R B X N S I C S
W T L N V O E A W L P Q M
N P E L W E L K L N P F E
P S G X U S R I A L A R M
Q M P P T L B A S E A O O
K A Y C S I A W G B P Z R
K R Y R L S N R C E M S Y
K T P K I J C G P U P O T
W G D E T A N I M U L L I
```

ALARM	ILLUMINATED
BILLING	MEMORY
CALL LOGGING	SIGNAL
CAR KIT	SKINS
CELLULAR	SMART
CONVERSATIONS	SPEAKER
COVERAGE	TEXTING
GAMES	TOP-UP
GPRS	WIRELESS

Rivers of Britain

```
C M L E Q D S X N Z I K D
N A W V S T T D T R E N T
E N V T O B H P E T F S D
D A X U T O C S J M P A F
E I R R K E U L S E L W B
I R P C E O R M Y M U E F
S N J Q T M U R A L N N I
S H G A C S Z C A C E S G
O M E W E N T T M P S U B
L R U M Q D V E Y X R M K
G D A T L S Z Z U T K E Z
M H X L E K J C E Q N I N
T S F I N D H O R N O E P
D O V E Y P I C E K N C S
E Y W H L Y M T Y E P L X
```

CAMLAD	NAIRN
COQUET	NENE
DOVEY	PARRETT
EDEN	SPEY
FINDHORN	STOUR
GREAT OUSE	THAMES
KENNET	TRENT
LOSSIE	WENSUM
LUNE	WYE

```
E G Y C L S B A C F E A Y
H R U A B N A H N G A E A
T U O U H R I A D S S S B
S O S S G N I I Q Y T L I
O Q K Q A U R C E E E E G
S O U T H B A N K H N H B
H Q O A R T K R P L D C E
Y W G E R C E A D T A V N
N M W S O E T B D S M N N
T O H C D O M C M M M R E
T T F S N O A I I A U E I
O W M E O M R L L B L D N
X W C N D H R R Y E F B G
W W K E E Y O T A C W O U
P A N D X S T X V H D F V
```

BIG BEN

BRICK LANE

CABS

CAMDEN

CENOTAPH

CHELSEA

CHINATOWN

COCKNEY

EAST END

EROS

GUARDSMEN

HARRODS

LAMBETH

SOHO

SOUTH BANK

SQUARE MILE

TOWER BRIDGE

TYBURN

Types of Building

```
G H R Z U W Q P D X T D S
A L A M E N I C G E I H U
R F Q Q J C I C K W A L M
A D Q I V B V R Y C U Y M
G E X X E Z A R K T G T E
E P Y F P M O T E L U B R
F O R T R E S S U N H M H
J T B E K T G K I A Y Q O
C M P E W L S V C R Y G U
C U A C H O E S A E R F S
S I N N I R T R B O I I E
Z G N K S N B B I O A X F
Y W W I M I A Q Z L D U K
Y T T L L Q O T W G T T D
V Y S A F C G N V I L L A
```

ABBEY	LIBRARY
CINEMA	MANSION
CLINIC	MOTEL
DAIRY	SHACK
DEPOT	SUMMERHOUSE
FORTRESS	SUPERMARKET
GARAGE	TOWER
IGLOO	UNIVERSITY
KIOSK	VILLA

Washing a Car

```
C F G C H M S R O R R I M
N H R S Y J Q I V S Q S X
X Q U B W A T E R L W P M
W R S G Q Q H D E E S R C
B S H M L I N M R E P L L
Z A I A C A O X A H O A E
B E N L R R S O J W N H A
U U E W H D C S D G G Z N
F L C C A H W Y O P E F I
W L K K A X V O O Q F P N
D R I M E M I F R L U V G
H P O G E T F N S K N R J
W I K N H J X A G O I S F
S Y E T V T V W R M A Q F
G C F W J J S Q E Y M P N
```

BRUSH	LIGHTS
BUCKET	MIRRORS
CHAMOIS	SHINE
CHROME	SOAP
CLEANING	SPONGE
DOORS	VEHICLE
GLASS	WATER
GRIME	WAXING
HARD WORK	WHEELS

Ski Resorts

```
G P F N Z U R O A H U K M
S O L D E N T U K V C Y X
T W S G I I W U T X A K V
Q D M A S E H C A L Z R A
N E A H U T I S G S A O S
E R Y M A S L Z O L D G V
T M K I U A G V O V U K P
R O W G C G E B D B A M R
A U S V I D R B N X W D L
G N E M X A A V O R I A Z
F T I U N B G V U H F Q H
P A T D G M P S L G I C M
O I T Y F D A T E P E N Z
H N E H G A T L A L B S J
C R R A U R I S W D N C R
```

ALTA	IGLS
AVORIAZ	ITTER
BAD GASTEIN	KUHTAI
BOHINJ	LECH
BRAND	OTIS
DAVOS	POWDER MOUNTAIN
GALTUR	RAURIS
GOSAU	SOLDEN
HOPFGARTEN	VARS

Richards

```
H C T D U N S R E S G H Y
O V H A I N S W O R T H C
U X J X N Z Y R N Y Y N A
D N O X E W U A O E M I R
N N S C D I T G T K J A T
O O G P D L A D R A A L T
M L N O A S E E U E X R B
M S I G M O T E B L E E M
A V L O T N W H L X V B K
H D W X E I C F X D E M I
F N A P D E H H A R A A O
H X R M T E I X E R Y H S
X A A J S X T G T N F C I
C R T R U O C V W I E N L
K H Z S F V I T H T B Y W
```

ADAMS	HAINSWORTH
BURTON	HAMMOND
CARPENTER	LEAKEY
CHAMBERLAIN	MADDEN
CHENEY	NIXON
COURT	RAWLINGS
EDGAR	TRACY
GERE	WIDMARK
HADLEE	WILSON

Better by far you
should forget and
smile than that you
should remember
and be sad.

Christina Rossetti

Double "F"

```
B F F A V I Q S F F O A V
Y N P F R F W X P F N N Y
O E O E L F F A R F O F X
N F I F W Z U U L F F C M
F Q F F A T S D U C R S
C F K E G I C P L R L N V
R H F C R F H F S D J C W
Z C A T F I E C F O J F E
C U U U A F N A O O Z C F
Q A B P F F I G F W I V E
U E R A F F F A F F Q A A
R T C D A N E Q F H I I R
B E Q U I F F U J I F F Y
I F F C R F S G R H E I X
Y T I N I F F A D A F F O
```

AFFAIR	JIFFY
AFFINITY	OFFERING
CARDIFF	QUIFF
CHAUFFEUR	RAFFLE
CHIFFON	REBUFF
DUFF	SCOFF
EFFACE	STAFF
EFFECT	SUFFICE
FLUFFY	WOODRUFF

Zoology

```
D O P O R H T R A W L Y H
Y U S F O M W S F A L S P
E V E N T O E D D A U I V
K U N Y L L G U C O K A L
X W Y L T J A S R W G D H
E N I N A C D A C I Z T A
E M A K A Y P O L B C W E
T M R E N I L E F A L V P
V C R E V O E Q D D L M Y
G D I O N H C A R A B K R
A Q N I B R I D V J T A E
V H A E B H F I D F L E D
I L E K G H B A E U I B I
A N U R A N U Q L S N P P
N L A M B U L A C R A L S
```

ACAUDAL	COLONIAL
ALULAR	EVEN-TOED
AMBULACRAL	FELINE
ANURAN	MANTLE
ARACHNOID	OVIPAROUS
ARTHROPOD	PEDATE
AVIAN	SCALY
BIVALVE	SPIDERY
CANINE	VAGILE

Indian Restaurant

```
A L A S S A M C L U P K H
R E B M A S E P O C A V U
I N I A F L K G C J R V Q
T R A S I R O O D N A T I
L F R N V H X O R Z T V A
A D L T A C T G J M H R S
B S A R D M M A X E A H O
X S O A S H E A P A E C O
V I U M L V A E O E U R L
I C I L A S H N K B V F A
R L A Z U S O K S X M C G
M H S O J B E U R A I T A
P R E D V B C Y P P K R S
J K H R A L O O G O B I P
W K J B S A R D A M N O E
```

ALOO GOBI	PARATHA
ALOO JEERA	PATHIA
BALTI	PHALL
DAAL SOUP	RAITA
DHANSAK	SAG ALOO
KEEMA NAN	SAMBER
KORMA	SAMOSA
MADRAS	SHEEK KEBAB
MASSALA	TANDOORI

Jane Austen

```
M R B Q E G R O E G E S N
R K G N T W Y R S A S H T
S Z O Q O P Z D J I M R E
S R G U D T R K R C S M E
M U E E H O I R G E M M E
I N X H F I O D N L M P Y
T Y J A T N G N N R D T S
H L L J S O A H S A I R E
N E U R A I R C B P S C T
D V M R R M L B O U N J A
K E B A A A E T E A R T Y
X H M Z Y U E S M H H Y R
E S U O H D O O W N T F M
O B O K O T R E G E N C Y
R O N I L E Q G Z T T B T
```

DELAFORD	MRS CLAY
ELINOR	MRS NORRIS
EMMA	MRS SMITH
EVELYN	ODE TO PITY
GEORGE	REGENCY
HIGHBURY	ROMANCE
JAMES	SANDITON
MARIANNE	THE BROTHERS
MR YATES	WOODHOUSE

Hiking Gear

```
R U C K S A C K H Q E G K
P U T O K N Z K E V P W X
A O C I J N S T A A U X E
M K S T K E I S E V O L G
S K L X H D V F W D O E F
V P T C U U I H E P J E G
W A T E R I I A G Z V C L
D A T T G S S N T H A T I
M B F X T X I S C S E G U
V E L L C K S A A K R G I
I G E A L S M T C P X I P
I F S A N E C A O F M W F
D O W O R K J A X O K O K
U O S A X V E J R A B M C
E D O Z D B X T B F I C A
```

BLANKET	KNIFE
BOOTS	MAP
CAMERA	MATCHES
COMPASS	RUCKSACK
FIRST-AID KIT	SCARF
FOOD	SOCKS
GLOVES	WALKING POLE
HAT	WATER
JACKET	WHISTLE

Norse Deities

```
O L L F L N J K Z C W T P
K C J E A N K T T S B C N
K C F Z H N M I P A N J O
U Q R I G E A W O N P T M
R I N D R D Z F K D F I Z
L Z D J J B K R N R T B O
I F J A O N M E P A S A A
H G W Y K R G Y L U T D N
B E Y L A S U A S D V U N
N A X B S P R N D I H H U
F M R A R L L V M G D E S
F T T A R A D L M A T N I
D H P O T G G S D X J N G
P O H B I S V I Y L G A Y
F T R K U A O B B Z X Z N
```

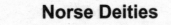

AEGIR

BADUHENNA

BEYLA

BRAGI

FREYA

HEL

NJORUN

OSTARA

RINDR

SANDRAUDIGA

SIGYN

SKADI

SUNNA

TANFANA

TAPIO

THOR

TIW

UKKO

Catch

```
G F A T I H C T I H G F G
A E J R H U C P D R O U N
T R J P S S M O A L L O Z
X W R U U L E S R G O I K
Y Y K E T D P M R N Z H O
C P Y R S W N A N D E L D
K O Y P P T B U Z E V R Q
Q I L A B M H V O G R I P
B X P L E S I R P R U S R
U L O U A O C F D X R X P
P R S M P R Z L D H E P I
G Q U O J A A X U Y O Y B
N L T Y P U N H C T A N S
E N T R A P F S S M C P M
T S P K Q R V H I Z D H O
```

ARREST	HITCH
CLUTCH	HOLD
COLLAR	HOOK
CORNER	NET
ENMESH	ROUND UP
ENTRAP	SNAP UP
GRAB	SNATCH
GRASP	STOP
GRIP	SURPRISE

"U" Words

```
U B R M U T F U U U P G A
U N P E R T U R B E D U I
R K T U E T A M I T L U P
A E H E R U V U U U N L O
S N B E L B L A G U D U T
U Y C M V O R L R E C L U
D H T Q U E I S A U A N I
T N D I T U U V U G F W U
A U T S U H S R A I E U Y
D V L J U Q G R N R N T V
N U S H U E I I S H T I U
A U R A N U S B R T Q L W
G R T T G H U B U P N I U
U F U A E O U M A A U T J
U A Y D R S O C R R B Y U
```

UBIQUITY	UNFINISHED
UGANDA	UNHURT
ULCER	UNPERTURBED
ULLAGE	UPRIGHT
ULNAR	URANUS
ULSTER	URGENT
ULTIMATE	UTILITY
ULTRAVIOLET	UTOPIA
UMBER	UTRECHT

Greek Deities

```
S U S E S X Y O Z E A R S
U D F Z H E A E K G N B A
I A P E T U S L F X A O L
P B C S F H S R D J N A T
A H G A N X A B E N K W A
L Q P R D Y A N P P E B E
U S O E J N A I A G W P Q
C A Z S C O E U S T I Y I
S K R P O L A N H M O Z E
E R H E A S T H E M I S O
A G D F H U P T G Q W L F
K L I G C B H A Q K L Q J
G A L E N E C O H O K K I
G L W T U U B Z P R A H Q
H Z Z S K C Q A S X F H Q
```

AESCULAPIUS	GALENE
ANANKE	HERA
APOLLO	IAPETUS
ARES	NYX
ATLAS	PERSES
COEUS	RHAPSO
EOS	RHEA
EPIMETHEUS	THANATOS
GAIA	THEMIS

Airlines of the World

```
Z S N L U J A Z R O X R V
V Z O K D D A I B A O J B
Z L S Z U G A B A F R S R
F X E R A T R I A N A Y R
W J A C P E D K P T N D Q
D G G Y X N R U N I T E D
A A G P I E S A M E B U T
I E H R N V Q L R Y E Z E
R L I I Q I Y V L A I T J
C A D I T B J F V D N K U
H V A M C E A S T E R N E
I A T A I R B E R L I N F
N R S Y A I A Q V T U Z L
A I E P T A C N T A N P O
I G K J O A T L A M R I A
```

AER ARANN	EUJET
AIR BERLIN	EXCEL
AIR CHINA	FLYBE
AIR INDIA	GARUDA
AIR MALTA	IBERIA
DELTA	QANTAS
EASTERN	RYANAIR
EGYPT AIR	UNITED
ETIHAD	VARIG

Famous Sailors

```
I L W U N Y A E N O Y R T
S N I K W A H K W I J P O
P A R R Y O F A R U A E B
Y V T X O B O R L R A G A
N E F D N E S D N U M A C
O S F H I C O O R O G R H
S P B J O T S E E B R N I
D U H O A S H C A M N N C
U C K C C S E P J P I H H
H C S I I M O W B L G U E
V I R B K Z O N K K R C S
Z E O C B R Z N L S T H T
Y R F A R R A G U T F M E
F L E A P R L T A O C C R
U G B Y F V P I X B E Y E
```

AMUNDSEN	FRANKLIN
BARROW	FROBISHER
CABOT	HAWKINS
CHICHESTER	HOOD
COOK	HUDSON
DRAKE	JASON
ERICSSON	PARRY
FARRAGUT	TRYON
FOX	VESPUCCI

Watches

```
L D S T N Y A V N B B R R
A T B V I L P N T A F J E
T T B P A E A O T S U Q T
S N W X H K T T A M D B A
Y P P X C Y E E I I Z P W
R O R N H R D L E G A R R
C C B I Y G N E L R I I E
U K O R N J A K T E Z D D
T E F Z E G H S M W V I N
Y T U J Y T D S I L Z E U
Q U A R T Z N U R S E S R
L F H O V J O U D T C S D
C A I W Q D C Z H I V L K
Y C Y C I T E N I K A G E
V E A T B L S K K J W L Z
```

BATTERY	LEVER
CHAIN	NURSE'S
CRYSTAL	POCKET
DIAL	QUARTZ
DIGITAL	SECOND HAND
FACE	SKELETON
FOB	SPRING
HUNTER	STRAP
KINETIC	UNDERWATER

```
R A N D D I N E M V T J O
K A B T E E H P V D B G R
Y K L C E T A S T I N G L
E E Q L O Z N N B T G W R
B O B R E T N A C E D G G
X M G G C C N A H L I S T
E G D O L T T Q H C L K T
P N V E H G S K S A R U P
P R A I U Z M C E R E E R
G E F M N B G A S V V O M
L V S T S E A R A S R K C
A A B P R E G U B R E A O
S T P Z A Y L A Z H B R H
S K I N B T V A R D Y O P
A V O C P V L T S R K L X
```

AND DINE	MERCHANT
BARS	PRESS
BOX	RACK
CELLAR	SALESMAN
DECANTER	SKIN
GLASS	TASTING
GUMS	TAVERN
LIST	VAULT
LODGE	VINEGAR

Derive happiness in oneself from a good day's work, from illuminating the fog that surrounds us.

Henri Matisse

Liquids

```
P E I S K R B Z D W N F D
I L T L S N O E B L O O D
Y S I H P A A U E D I R V
E M P A T J L N Q R T E K
W N I U C O U I F I O Z N
X N I B N N R I V N L M Y
T K S T F C E B C A S V O
A E X Y N M H Z T E A M O
Y Z C V U E F H C R S R P
X L J F R H P O G T I L M
D P R E V Y L R O J D S A
U E T E I O J C U D U B H
P A Y A G A K K N T V X S
W O M N Z E N I L O S A G
C Q E W W B G Y N Q X M U
```

BEER	MILK
BLOOD	PAINT
BROTH	PERFUME
COLOGNE	PUNCH
GASOLINE	SALIVA
GRAVY	SHAMPOO
JUICE	STOCK
LIQUOR	TURPENTINE
LOTION	WATER

Tribes

```
C W A N E O A C J E P Q J
R K Y Z M Y N E V C I T Y
O S O A A U N E T D T R Q
W E M M N Z M R I E M Q E
U M K E C D B C S D D J A
E I G X E D O N T A A C E
F N J A F K A T U C N N H
Q O N E O G U U P I V X C
G L X B A N L S I I C C N
T E X R K Y A S O K L Q U
O M R E H P U P A C U A C
F A J I O U R A M W C E I
N B O N U Q R L I A M I P
Y J C P V K P O R A W Y M
V A R I M A I M N P W E A
```

CREE	NARRAGANSETT
CROW	ONEIDA
ERIE	PICUNCHE
FOX	PONCA
HURON	SEMINOLE
INCA	TUPI
MAYA	WAMPANOAG
MIAMI	WEA
MICCOSUKEE	WYANDOT

Knitting

```
E X E W K R O W H C T A P
N E L Z P P N B Y O W E P
O L O O P S P S H L U V K
L E H G C I F Q G W O O L
Y F N S C Y Z C T A O S L
N T O O E Y A D J H S E T
P S T G X Z J D T S Q J E
K I T A V W I E R R W A R
E D U U E Z H S P Z H G E
T E B G Y C K F I U Y T M
S K E E O S Q U A R E S H
G O S R E P D L R C E D S
X M C T A E P E R O I L A
L M G K I F Q I X U W N C
C E K N S Y U V U U P S G
```

BUTTONHOLE	PURL
CASHMERE	REPEAT
CROCHET HOOK	ROWS
FACING	SHAWL
GAUGE	SIZES
LEFT SIDE	SOCKS
NYLON	SPOOL
PATCHWORK	SQUARES
PICOT	WOOL

Greek Mythology

```
S X G P Q W S W Q T Y Y Z
N T K V M A E N A D D S Y
O N Y N G R C D D G O U O
S H Y X B G A L D L R E R
A Y X E C U R A I E I H E
J R P R H S G C Q O S P I
A L A A A P P J I H U R D
D H L H O W D B X T E O C
K C L J S W N K K L T T I
D P A N D O R A S B O X R
T Q S C S C M W J T R Z C
I A P E T U S H A O P Y E
V X G P L Z N R Y Y R K K
O K A R T C E L E N F T N
A E D E M X U L E H I H K
```

ARGUS	JASON
CHAOS	MAENAD
CIRCE	MEDEA
CLIO	ORPHEUS
DORIS	PALLAS
ELECTRA	PANDORA'S BOX
ERATO	PROTEUS
GRACES	STYX
IAPETUS	TROJAN WAR

Tropical Fish

```
F Q E A S O T N O R F U S
R E D Z E B R A B K C P E
H G S P I T A R K A O F V
S B C P Z R A H P G G I E
I Y I R L B M D H U P U R
F I S C Y A E Q M P E S U
E M S S H R T Q M P H H M
S A O A K I N Y B Y D A R
I R R S H Y R X B T W R A
D U T H C A O L N W O L C
A O A S X V D D O X R E S
R G I V X P A C J C I Q O
A B L Q U N E U O L J U G
P W Z F I L P R U E X I L
Q W B O P D Y J O Y U N F
```

BICHIR	OSCAR
CLOWN LOACH	PARADISE FISH
CORY	PLATY
DANIO	PLECO
FRONTOSA	RED PACU
GOURAMI	RED ZEBRA
GUPPY	ROSY BARB
HARLEQUIN	SCISSORTAIL
JULIE	SEVERUM

Soccer Match

```
R E L K C A T Q E V F H U
Z B Y I I F H M Y X S X U
N F A T G P O B S P S H D
L L W O L H Z B N G C P S
P L A X R H U N F T R T T
S L H A F E B L I P U A S
S A S B G L G P F D D D D
Q R A E W T I A R A W A V
V M V A V U N A N O N E I
Y S R E L R W O R A S S F
V W M K E F A C C T M L T
Z A B Q A Z X C U J A Z Z
G G N I G N I S S G E M N
Y Z D N U O R G S Y T T B
D B L A E E D I S F F O H
```

AWAY

CROWDS

DRAW

FANS

FLAGS

GAME

GOALS

GROUND

HOME

LEAGUE

MANAGER

OFFSIDE

PITCH

SCARVES

SINGING

TACKLE

TEAMS

TURF

Different Tastes

```
C Y B T N W Y M M U Y D X
I X F J R C W R T A N G Y
T F X M T A I B E X A N G
R S R P V N T N Y P S I Z
U S J U L T A V Z P P R H
S O U Q I H B U I U S E C
C Y J O U T H C Q H X T P
V U F S I G Y R A I I A B
Y G N E A T W R Q W P W B
Y D I F B P P V P E O H O
S I H V G R I M G A Y T Z
D M M H L A C D U T S U S
C L O N O S F O T R E O O
B W I K Z T M U L P C M U
T J W M Y V N T E E W S R
```

CITRUS	SCRUMPTIOUS
FRUITY	SHARP
HOT	SMOKY
MILD	SOUR
MOUTHWATERING	SPICY
NUTTY	SWEET
PEPPERY	TANGY
PIQUANT	TART
SAPID	YUMMY

That's Magic

```
S A N D U T D I L M Q T F
J E R T U N E P J S Z J W
W S Z B A U F U S T I S D
Y R T W A H S T J L Q T X
C U C C P D E S G U Z O O
N C N L H R A J G C G O E
A N O Q C A U C I C D G Z
M G I E S K R E A O N E A
O P S N C Z F M O R J T M
R W U A L T W V W R B S A
C S L L E P S H T V M A L
E B L Z T R I C K E R Y O
N O I T A T N A C N I D C
G F S S E G G P L Y L Q K
G N I R A E P P A S I D S
```

ABRACADABRA	NECROMANCY
AMAZE	OCCULT
BLACK	SECRETS
CHARM	SPELLS
CURSE	STOOGE
DISAPPEARING	TRICKERY
ILLUSION	VOODOO
INCANTATION	WAND
LOCKS	WHITE

Foot

```
N O D N E T G K V T R I S
M E T A T A R S U S C L Q
R I R B T X W Z U U I H C
B C D R I X G U B A V O E
H U X E G R V O N V R N L
Z I N V I C I F D N G S O
D L S I D D B O N E S F S
Y E W L O P D O F U L T E
U V V A E N K R L Z W L Y
X S X T L A X A C E K E A
R U S J O K T T V N E S F
R N L X B L I S A I T J S
I X U L I A E N K X M E O
I W K P A Q R E G Z O C U
U W B V V H H E H T M Q Y
```

ANKLE	HEEL
ARCH	INSTEP
BARE	METATARSUS
BONES	NAILS
BUNION	SOLE
CORN	TALUS
CUBOID	TENDON
DIGIT	TOES
HALLUX	WALKING

Cattle Breeds

```
V S Y L W M G N Y O Y V F
S I I E L O K N A L A N G
I J B M E Y L E I C W O K
A F A L M N N M K U O X Z
L D L U R E O S W C L X B
O N D H K U N G O I L C R
R A E B S R Y T D X A B A
A L R I U C A R A C G F H
H H N J X K E I E L R D M
C G E Z X D E P N I X E A
F I Y M P U E R E I S V N
G H S O K D Q S R B A O X
H O L S T E I N I Y L N I
Z L K H J A Y A W H I T E
H N Q E N A G R U K O Q C
```

ALDERNEY	HOLSTEIN
ANKOLE	KERRY
BRAHMAN	KURGAN
CARACU	LIMOUSIN
CHAROLAIS	LUING
DEVON	RED POLL
FRIESIAN	SIMMENTAL
GALLOWAY	UKRAINIAN
HIGHLAND	WHITE

Starting "OUT"

```
O U T W O B H M E I T U O
E U H U O U T O U T A G E
U E G T O U T G O I N G O
O Z I U S T D U E I Y U W
U I R O U A T D D B T Y H
T S T U N R L L A F T U O
S T U T U O I T I O U T U
T U O N S U R T U W O O T
A O U T B O A R D O U T G
N O U T D O O R M T P Z F
D O U E C R U O S T U O Q
I O U T D A T E D V Z T V
N C T U O D L G O U T P T
G U L M K L E Z Z V S U U
O U T E K A T T U O F M O
```

OUTAGE

OUTBOARD

OUTBUILDING

OUTDATED

OUTDOOR

OUTFALL

OUTFIT

OUTGOING

OUTLAST

OUTLET

OUTRIGHT

OUTRUN

OUTSELL

OUTSIZE

OUTSOLD

OUTSOURCE

OUTSTANDING

OUT-TAKE

Teddy Bear

```
H T G N I G G U H V V C I
S G Y S M B C O B P H V I
U X Y O K K D W T E P R N
L Y L Q R K G T N O T O J
P F D W Y U R U G T T U A
T F N N M E D S N G S W C
C U E G P A X R N D D M B
I L I U S T X I O G M P N
N F R L S C D N N C E C O
C E F A E D A I J L R B T
I A O I A A F R B F K G T
P E X P E F O A F U R T U
B S A N U T V Q C A T E B
H W Y T O O S R I B B O N
S T S N L A N I W Q R F M
```

BUTTON	PAWS
CORDUROY	PICNIC
CUTE	PLUSH
FLUFFY	RIBBON
FRIENDLY	RUPERT
GUND	SCARF
HUGGING	SOOTY
LOVABLE	STEIFF
PADDINGTON	STUFFING

Cats' Names

```
Q P O T R L C H A A R W Y
J P Y E E L J W C L E A K
U A H X T O X I I A P Q F
T V C H S K Q M N N S Y D
V Y J K E I I B N X A Z U
A T O W H M U U S N J G Z
J T Q I C A I C G O I E I
A I F S B A W E X B A O E
B K K B A L L Q O W R R L
B S Y B P O E C R E B G Y
Z S M N N L J M X I L E F
D I F X I Y X X V T X C V
S M L L E B R E K N I T T
U R L U K H J H O Q W R N
J Y A K H L P A S Z O I C
```

ABBY	LILLY
ANGEL	LOKI
CHESTER	LOLA
CLEO	MIMI
FELIX	MISS KITTY
GEORGE	NALA
JACK	SIMBA
JASPER	TINKERBELL
JINX	ZOE

To be without some of
the things you want
is an indispensable
part of happiness.

Bertrand Russell

Tchaikovsky

```
K Y J D V O T K I N S K E
R V N B E K J N S C Q E U
O C Q A P R A K Y A V N G
M H Q I P I F N B A E N E
E O C O S P O N L G U K N
O L Z S Q H E S A T Q C E
A E U A P Y E Z C M I E O
N R K M R H T R A O T M N
D A Y A C T A Q V M E N E
J S V R L C I E P A H O G
U K A I K N R A N I T V I
L M T E O T A P N U A O N
I N R Z U L E W M A P N L
E H T R O P I F S N Q V O
T T E L M A H N I H E O A
```

CHOLERA	PATHETIQUE
EUGENE ONEGIN	PIANO
HAMLET	ROMEO AND JULIET
MANFRED	RUSSIAN
MARCHE SLAVE	SWAN LAKE
MAZEPPA	SYMPHONY
MOZARTIANA	VIOLIN
NUTCRACKER	VON MECK
OVERTURE	VOTKINSK

Slumber Party

```
R H A G N I T T A H C Q I
P V T W X W X G S T Q S V
L X E V M X P D A E M C W
U A V Y P O Q I S M K X P
Z A U N A Q O E L E E A M
V W D G F F S R E L Z S C
T H A G H I S G D J O F U
B A P T O T N D T E U W U
T Z L N C I E D N D B K S
D Z A K G H L R M E A C M
R I Y N I G I G G L I N G
I P I O J N T N Z T G R S
N S N R Y T G R G B E U F
K I G S E R A D X T O G C
S F C I S U M F C Z V X Z
```

BEDROOM

CAKES

CHATTING

DARES

DRINKS

DUVET

FRIENDS

GAMES

GIGGLING

LAUGHTER

MUSIC

NOISES

PILLOWS

PIZZA

PLAYING

SINGING

TALKING

WATCHING TV

"V" Words

```
V E S U V E B P V L V E V
V U E U Y F V Q S R B C L
I Y V G I Y V R A M T N K
V E L B A T E G E V D A B
A I V T K Y E U V V T E V
C P T U V N O I G O D G L
I U S I I E T V U A W N B
O G D V C A D V B V V E R
U E S I L U V Y I N G V L
S V N L A X L L A D N A V
G E Y B U N A T F P D V Y
V N N U S V U V U T K A T
Y D V R I V J C H R V S M
V O E R V I G N I W E I V
V R T E G A T N I V U D N
```

VAGUE	VINEGAR
VANDAL	VINTAGE
VEGETABLE	VISUAL
VENDOR	VITALLY
VENGEANCE	VITICULTURE
VENICE	VIVACIOUS
VERVE	VOWEL
VICUNA	VOYAGE
VIEWING	VYING

Bodies of Water

```
A I R O T C I V E K A L F
A R A L S E A W A E T M N
J E M X R B A S S S E A I
V G S Q S U R O P S O B K
Q U N A C A R I B B E A N
Y L A B N O L A X R E D O
A F P E K I L K I S K R T
B O R A S T H N K Z V I F
Y F E K I L G C M P M A O
E A D C Q S A F H O G T F
S D S H T L H R R T X I L
M E E R B K A S O O U C U
A N A S H U E U U C R O G
R I A E S A R A K Z E H S
T A G C Z U J G F P J V R
```

ADRIATIC	GULF OF ADEN
ARAL SEA	GULF OF TONKIN
BALTIC SEA	KARA SEA
BASS SEA	KORO SEA
BERING STRAIT	LAKE VICTORIA
BLACK SEA	RAMSEY BAY
BOSPORUS	RED SEA
CARIBBEAN	SOUTH CHINA SEA
CORAL SEA	TIMOR SEA

Airports of the World

```
Y F S E L E G N A S O L L
E R E X W Q B N L E D H A
N M V A N C O U V E R C G
D U B A I L V Q N K K I U
Y X W P E H F V A A Z N A
S E R C A U E N S U L U R
L O R N E R S T E S E M D
V A N L W A R E C W B H I
B I F F I U H S A Y A L A
J A N P P G H N T Z R R H
N J N C S B D S L E I L K
S U N G H P Q K A X M O L
J U F J K E K K N M R G I
Y W I R S O O T T C S A H
A D E N A H K N A Y D N W
```

ATLANTA	KASTRUP
BANGKOK	LA GUARDIA
BARCELONA	LOGAN
DENVER	LOS ANGELES
DUBAI	MIRABEL
HANEDA	MUNICH
INCHEON	NEWARK
JINNAH	SYDNEY
KANSAI	VANCOUVER

Bones of the Body

```
G F N B I J E B L G I C Y
V P C A R P A L A M S W F
Z S P J L N T K S U N R R
X U A S V T O U L R I L U
S E C N Z Y I H M C H A I
I L E C K D X B S A S R U
V L E T A L T A I S O T L
L A N R U Y E K Y A G E A
E M K A O S S I C L E U W
P M Z P V B F H F U I Q L
S P H E N O I D Q L I I A
B L Z Z K X C L Y N L R N
F E N O B W A J I A S T V
U S B I R Y X R H U X I I
N P A D C C D X D I M J L
```

ANKLE	RADIUS
ANVIL	RIBS
CARPAL	SACRUM
ILIUM	SHINS
JAWBONE	SPHENOID
KNEECAP	TIBIA
MALLEUS	TRAPEZOID
OSSICLE	TRIQUETRAL
PELVIS	ULNA

Hippies

```
E C Z R O M C O K V N V J
N F P N E T I Q O G K A X
K I M E L L O W E T A B Z
A S E W U W A N S R F Y P
R E L V P A X X N T T D A
M E C I O G V N E D A X T
A E Y A B L H J C D N W C
U A D A E E C T N R O H H
P A Z I R P R W I O I E O
G A F F T P C A D L Y G U
R Z V C B A H S L D R M L
O P A R T G T O E I F E I
O M A F N O U I K Z S W L
V E C O C T T J O E H M S
Y L L K C O M M U N E R R
```

CHILL OUT	MEDITATION
COMMUNE	MELLOW
GROOVY	OP ART
INCENSE	PATCHOULI
KAFTAN	PEACE
KARMA	PRAYER
LIBERALISM	RELAXED
LONG HAIR	TIE-DYE
LOVE-IN	WOODSTOCK

Things You Can Peel

```
B P M A T S E G A T S O P
R S A T S U M A E P N R O
A L I A D C A D C I P M P
B A N A N A Y A K F T L I
U S U U R L I S B T X E E
H F A E L D L O G J K H B
R V M A W N T O R R A C P
L D C Y I X L M F E B L A
B E F W K Z U J P U H K I
D C H E E S E R I N D E N
B G P Y H M H G V E T R T
R A H R Z W P R C F Z U X
T C O Z H O C A I E B A O
T O M A T O P P G M W N I
M U X T X S Q E M H P V O
```

APPLE

BANANA

CARROT

CHEESE RIND

DECAL

GOLD LEAF

GRAPE

MUSHROOM

PAINT

POSTAGE STAMP

RHUBARB

SATSUMA

SHRIMP

SKIN

TAPE

TOMATO

WAX

YAM

Volcanic

```
T E C I V E R C B Z B O Y
E A S E P R E E Y E K H G
G N L E R U P T I O N V X
H S O J N S T N V L N R M
R L F C H K A F K E A X N
S J V I B L V M T B D V T
N X E W X Y U L G O S S A
Q L N L G A O N R A U I K
D S T E A M D M W R M T T
I L G P K H A S C A M S I
W Y A O R N A K G R I U U
Q Z S I T W A R H L T H D
I J E D D J R L G W X G N
F I S S U R E E F B X B O
G U J L O S E T A L P V C
```

CONDUIT

CONE

CREVICE

CRUST

DORMANT

ERUPTION

FISSURE

FLANK

GASES

LAHAR

LAVA

MAGMA

MOLTEN

PLATES

SHIELD

STEAM

SUMMIT

VENT

Shades of Red

```
D R A L I Z A R I N E X W
O E E K N E K X Y B M G A
U N Y D P H A H Y L A K Q
L I C B W P N Z D Y L D T
B G A X U O S S D S F O R
B N R I S R O N U O J A F
B E M M N V V D R R B P N
H E I A K Z E T O A I F I
O R N E X C R N N G N W N
C I E C E C M N E N N R Y
W F N R R H I B N T U O O
A D I D Z C L M L B I F C
D S T U I A I N U O R A E
E S M H L A O A K N O D N
A H N C N K N J Q P L D F
```

ALIZARINE	FLAME
AUBURN	FOLLY
BLOOD	INDIAN
CARMINE	REDWOOD
CERISE	ROSY
CINNABAR	RUBY
CONGO	RUDDY
CRIMSON	VENETIAN
FIRE ENGINE	VERMILION

Famous Pictures

```
I Z S L A T J K J V C E T
C D C W R M Y J O S T N L
A H F A O U B N R M U A P
R P A A L H K E B H B L D
U A M A F V H X R G E N F
S Q I V L T A O M O A I O
S X Y L A O N R E U N G U
I U E B W E N S Y C A F R
V D M Y V A I E G I D G S
A I N S X D Y W P X O X A
Y I O S A L O M E A L S I
L R Z R L R Y T Q O U M N
G Z A R V L E D X D N W T
H P V E O L A B E L L A S
Z S E N U D H M H T T B M
```

ALONE	GROSVENOR HUNT
BATHERS	ICARUS
CALVARY	LA BELLA
DANAE	LEDA
DUNES	MEDUSA
ERASMUS	OLYMPIA
FLORA	PARADISE
FOUR SAINTS	RAILWAY
GIN LANE	SALOME

Books

```
D B Y T D X C R O R R O H
L E V O N H L U F U D W E
G B X L A I A A B C R L T
Z P W P G K I U B R C P H
B F T K P R F T B I K I E
T E X T Y R H H N Y D G S
R Y U T N R S O P H I O A
C E A M I A R R S N C X U
U L V L Z H P U X X T V R
E L L I C W P U S E I U U
X E I T E C L E O D O R S
R X R O G W G V S N N E W
T N E M L A T S N I A V G
I Y D E P H E R R O R O J
C U E R O M A N C E Y C F
```

AUTHOR	NOVEL
CHAPTER	PAGES
CHRONICLE	PLOT
COVER	REVIEW
DICTIONARY	ROMANCE
FAIRY TALE	TEXT
HORROR	THESAURUS
INDEX	THRILLER
INSTALMENT	TOME

Dogs' Names

```
P T X Y P P A R C S P P Y
P K K U G H R S S D E H O
R S A L C C D E C X N J M
I L B T F E N O T S N I W
N E U W I J O Y U S Y H G
C B R X W E D P J P E A R
E A I K J Y W T P B M H Y
S D P Q D G R S F R R A C
S I A A R C H A R L I E X
C P L Y D S K M S Y Z L T
R H S B O A F A J E B U Q
A B E I B U N N N T A O G
E S R E M O Y T E G E C T
B R H E Y B Q H Z P E Z K
W S F V U S A A T R L L N
```

ANGEL	MAX
BEAR	PENNY
BUTCH	PRINCESS
CAESAR	SAMANTHA
CHARLIE	SCRAPPY
CHESTER	SHEBA
DIXIE	SIMBA
KATIE	TOBY
LADY	WINSTON

Success is not the
key to happiness.
Happiness is the key
to success. If you love
what you are doing,
you will be successful.

Albert Schweitzer

Keeping Bees

```
H C P G S B X M Y M K W S
H I U H N Z W I G X U G C
H O V E R I S T D C G V O
S C B E V I T E R E Q O W
G G E B I Q R S I B V I X
G U E K Y L Z A P I A R Y
A R K Y S Q R U Q M U H E
E C E A X I Z E E C X Q N
V M E J T P L Y T Y P S O
F Z P R W X V P N S M Q H
L X E U X U G C F O U E A
F E R O P I B K K Q L L W
S O H B R A N E M B M O C
Z I O D J X E P C H S F C
I U U D W G N I M M U H H
```

APIARY	HONEY
BEEKEEPER	HOVER
CLUSTER	HUMMING
COLONY	MITES
COMB	PUPAE
EGGS	SMOKE
FOOD	STING
HIVE	TREES
HOBBY	VEIL

Let's Go

```
E R A E P P A S I D G L K
F S G Y Y A C W K Y Z L H
W S M X K S Q D I K A I D
A E M E P S D M F W O R W
R R T B N O X Y L Y I C D
D G E R G N E D I V M A E
H O X Y A S E B E Q E M V
T R I W A T N S U H Q V K
I P T E N F S I O G N N U
W X L L U G C J E O A L L
F E V U G K A T M R M E M
R U N O F F Y H N H V A O
D E E C O R P P P A K B V
K M N C O X S K R A B M E
J A E V A E L T B I X H I
```

DISAPPEAR	PROGRESS
DRIVE	QUICK
EMBARK	RELEASE
EXIT	RUN OFF
HEAD	START
LEAVE	TRAVEL
MOVE	VAMOOSE
PASS ON	WALK
PROCEED	WITHDRAW

Herbs

```
L L I D S R D J F Y K E L
B C H N E O I E L P M U A
E A I L B S V F F Y V C Y
B M Y L G E Y T H D I D O
F M P N R M Y T E N M P R
U G A F O A T U R F A R Y
A F E R K R G A E G C R N
L W R V J Y T N Y S E Y N
E I I I R O U R E P A C E
R M S O U G R J B V L G P
R K V A R Z G A S E V N E
O A Z E B R J X M A E E T
S R E D N E V A L Z U G C
W K C R C A I C O R Y Z B
E X Y R O C I H C L W Z L
```

ARNICA	MACE
BASIL	MARJORAM
CAPER	PENNYROYAL
CHICORY	ROSEMARY
DILL	RUE
FENUGREEK	SAGE
FEVERFEW	SAVORY
GARLIC	SORREL
LAVENDER	THYME

Soup

```
R H O G N R E D W O H C I
A O S T O C K P T I O Z C
T E S P A P G R O M U I C
S K M D I M M L A T L X B
A O G L N E O H V R A R M
P Y L R E I D T A K O T U
P R B X E N W G Z T B S O
N O C T A E T N H O E A O
O X T A I L N I W Y E H T
N U E A Z W D T L O F O Q
I P V L G I J D U Q R Q Q
O H Y K N E W U F R N B U
N N O T N O W Y A I T F J
B M N J M X E C Z F S L G
R U O J U D P U O S L Y E
```

BEEF	OXTAIL
BROTH	PASTA
BROWN WINDSOR	PEA AND HAM
CARROT	POTAGE
CHOWDER	POTATO
GARLIC	SOUP DU JOUR
GREEN TURTLE	STOCK
LENTIL	TOMATO
ONION	WONTON

Mission

```
L E C R O F E I T R O S Z
J Y T D D K G A G J W T M
W P U Q Z G S O L O K S V
I T A C S A A A R O F E E
Y F X C E L B K T R J U E
R A I S O N D E T R E Q S
T E L O D M W X S S X H O
C C H O R E M N Z O D F P
S U U D C H K I O T F T R
M W G U Z I U U S I Q D U
J I P M I I D E C S T J P
D N A R R E V E Z R I C D
M S H A B Q J E W Q F O A
N H I Z M A K O M D L O N
E D A S U R C J B Z V B S
```

ACTION	JOB
AIM	OFFICE
CHORE	PURPOSE
COMMISSION	QUEST
CRUSADE	RAID
DUTY	RAISON D'ETRE
ERRAND	SORTIE
FORCE	TASK
GOAL	WORK

Containing "RUM"

```
R U M M U R O C E D R U M
Q U O R U M M P X L U M D
R U M T X T T M U R M U Z
A U U R E C N E M U R R B
G U R U Y P R U M L R T R
N X B M I P M G U A S N E
I M E B H Z M U R C H E A
M U R A C S M U R A H C D
M R E E L B M U R C X F C
U D C S U P M U R F R C R
R O E A T M U R U M U Y U
H B R J A R U M S N M R M
T U E G T N A N I M U R B
M N E S R U H W U B D Q S
L O R U M F T R U M P E T
```

BODRUM

BREADCRUMBS

CENTRUM

CEREBRUM

CRUMBLE

CRUMPET

DECORUM

FRUMPY

HARUM-SCARUM

QUORUM

RUMBA

RUMEN

RUMINANT

RUMMY

RUMPUS

SCRUMMAGE

THRUMMING

TRUMPET

Capital Cities of Asia

```
E X S E L U O E S I K E B
N T L V A X Q K X U Z Z T
A B F U G N V T A I P E I
I S B M B H A L K F G F I
T B A E M A A T O S A O E
N E A O I L K I S L N A J
E Q A N U J H I I A A V I
I T Q M G L I N H M K S S
V A P C E K A N I E A O L
E U T D Q M O Q G O H Y A
R K W R X C Z K F A D K M
F E G N A Y G N O Y P O A
N T A S H K E N T R U T B
T E H R A N A H U F G T A
G J I J E Z Q J K E W V D
```

ASTANA	MANILA
BANGKOK	NEW DELHI
BEIJING	PYONGYANG
DHAKA	SEOUL
HANOI	TAIPEI
ISLAMABAD	TASHKENT
JAKARTA	TEHRAN
KABUL	TOKYO
KUALA LUMPUR	VIENTIANE

"W" Words

```
W E N O T G N I H S A W W
O O R Y B W W W J J O O S
W H W W H I S P E R I N G
E S U A R E R H M Y G D M
L T W G L E G S W H W E R
T H Q E S L S A Y B P R L
E G U R T S I T K W N F Q
R I P B W S E U L C V U U
Y E W T T H Y N H E E L T
F W Z C E C I R K G R R A
W P O S A W S T E A Z W W
F A O H K E I H T T E R U
T H F C V F W A L L A W W
W W E I W H T A S T E W E
W B W A W M W H C I H W W
```

WAGER	WHICH
WAISTCOAT	WHISPERING
WALTZ	WHITTLE
WASHINGTON	WHOSE
WATERY	WIVES
WEAKNESS	WONDERFUL
WEIGHTS	WORMS
WELSH	WRECKAGE
WELTER	WRESTLER

```
Y L N I A T R E C Q V R J
B E C F S X D P W D O E S
S F I N F L A T I O N I A
K A T A R N I S H E D M U
E D E C N U O N E R W U N
T X H B Z B H R G C W T B
C H T Z I W A H X B P S L
H H S I L B U P E R A O O
I M E A N D E R E D U C C
N H A X L O M C Z C F I K
G B A C K F I R E D K J E
Y R R E B P S A R K E S D
L T H G I R N W O D R Y I
Y B Q C I T O R E T E H C
A H E R E I H T G N E L A
```

AESTHETIC	NEWSFLASH
BACKFIRED	PRECIPICE
CERTAINLY	RASPBERRY
COSTUMIER	RENOUNCED
DOWNRIGHT	REPUBLISH
HETEROTIC	SKETCHING
INFLATION	SLINGBACK
LENGTHIER	TARNISHED
MEANDERED	UNBLOCKED

Found

```
P I P L Q D X T N A L P F
U Q D E I T E O L O C K W
T G E N J N R R C E C M A
E X N C O G S A R F F K S
S G I O H Q T T C U N C E
B O M U O E O A I E C O D
B T R N D D H X G T D N N
O H E T D X F S N W U S I
Y O T E C E L Z D W D T Q
J L E R A G C T V E Y I E
S D D E M N R N F L L T H
S H W D E L R O A S C U C
X H C N U A L T U H M T R
X S K U P J M V L N C E C
S T I H N O T I C E D M V
```

CAME UP	INSTITUTE
CHANCED	LAUNCH
CONSTITUTE	LOCATED
DETERMINED	NOTICED
ENCOUNTERED	PLANT
FELT	RULED
GOT HOLD	SAW
GROUND	SET UP
INCURRED	TRACED

Water

```
T B L R D O E L F O S F U
N E I D R O P L E T L B S
E Y M D Z M W G R O E P Y
R V D K B V K N O H H F D
R S R F C W F D P C C E Q
U R A I N F A L L O L O R
C M E Z P R L I M U U P D
Z S N S H T Q H G M G R D
W A D U E U I E C U N H H
A Q R I I R F D X T E M R
V H C D P C V R E O I D J
E O S J F A W O U E E D D
S A F A U N R M I S D T L
L Q U T W A C R O R B D Z
W J P Z W L U H T H S Z Y
```

CANAL	HOSE
CURRENT	LIQUID
DELUGE	RAINFALL
DITCH	RAPIDS
DOWNPOUR	RESERVOIR
DROPLET	RIPTIDE
EDDY	SURF
FLOOD	WASH
GULCH	WAVES

Drinking Vessels

```
P N E C A N N E E T N A C
U S T E I N E B G M X V P
C T Z O E O H S V T I A U
A O G S S A L G T O H S J
E U P T S M O Q M P Q I V
T P H I A Y V H U E G T K
A W T S T M I T H G A S R
G E M Y I A N O E Z A E I
Z H Q I M H G R Z L S S E
B F N E E H C A F C B E B
K E R O D Y U H Y N S O N
J P A B G O P L G U H O G
C M O K Y G I E R S G A Z
N W G T E X I C Q Z V U T
L E U E Y R K N F J W O M
```

BEAKER	JIGGER
BOWL	LOVING CUP
CANTEEN	MUG
COPITA	NOGGIN
CRUSE	SHOT GLASS
CYLIX	STEIN
DEMITASSE	STOUP
FLASK	TAZZA
GOBLET	TEACUP

Tennis

```
I P G O H T I K C O L B S
S Y I E I H C T T A W R E
S T L H F D U M P I R E A
A C I V C E Y A L U E L V
G J C E R E K L C N L L O
A O K Z B S I B U E O S S
B H S E E A G P Y V X W T
R A H O M J Z N E I D I E
A N H S R C N L I K E N N
M S P O T E K J W B U T Z
O S E M A G R Y R C B S U
V O Y Y U S Z E I Z W O K
I N E H E V A H D I U X L
C G W C X K I F N E S I H
B U A G B U L G H D F U F
```

ABRAMOVIC	KUZNETSOVA
ACES	LOBBING
AGASSI	LOVE
ALLEY	SEED
BLOCK	SHOES
CHIP	SWING
FEDERER	TIE-BREAK
GAME	UMPIRE
JOHANSSON	WILLIAMS

We are never
so happy, nor
so unhappy,
as we suppose
ourselves to be.

François de La Rochefoucauld

Varieties of Carrot

```
Z Y T C N T M U I U X D E
G D E O H F C E W A Q P Z
R N K L J F K I D E A L I
O U A P R G E N O O O B Q
Y R E P U E T E E Z O B J
F Q T X O A B D D R I M I
U R E S C L Q M I F U O H
J F M K E P I A A D P K T
Y S P W A A N C L C C U O
E V O R A X M B E A J M N
X S M C V N I E D E I Z A
C E K M O N A R A P N A T
X S K I N G S T O N G E Y
I M X K M U Y A Q L O J S
F W P R C O G N T J T W I
```

ADELAIDE	MAESTRO
BERTAN	MOKUM
CAMBERLEY	NAIROBI
CAMDEN	NAPOLI
ESKIMO	PARANO
EVORA	PARMEX
IDEAL	SYTAN
INGOT	TEMPO
KINGSTON	YUKON

```
Y H O E A K G C M T N U W
L K G K O O C E H O W H E
O W A L R U S G H P I V M
R I Z V T U I P M T F C T
Y Q E D O N Y Y E E I W A
T H O M K R T Q L K E M E
U D R D G R U T S E R O W
O O E N A E R E D I F O D
D R M P E U L L D I Z R N
F X A N T D E U G T D H K
P E J K D D C R O S E S Y
T W C I U H A N I D Q U V
Z O R M E R Z Q O A A M X
M Z D S R M A R Y A N N R
G B S K Z V B C F Z M I L
```

COOK	MOCK TURTLE
DINAH	MUSHROOM
DODO	RED KNIGHT
DORMOUSE	RIDDLES
DUCHESS	ROSES
EAT ME	TEA PARTY
GRYPHON	TWEEDLEDUM
LORY	WALRUS
MARY ANN	WHITE QUEEN

Countries' Former Names

```
Z F N W J N Y E M O H A D
A C O K A S I A M C P A X
I I I R S I L G A B I W F
N E B J M D S T N N X B N
I R L M E O H R O A G E F
S X A P O A S D E O M C K
S A S R Y L E A K P C H A
Y X I S H L D R P C F U M
B N C M A O Y A P N I A P
A U R C E B D Q V Q D N U
E M H Z O H T E R I H A C
F I U A A Z O S S Q A L H
S D T I S F S B K I G A E
S I C R S U I F V S A N A
K A E E R N O L Y E C D J
```

ABYSSINIA	KAMPUCHEA
ALBION	MANGI
BECHUANALAND	MOLDAVIA
BOHEMIA	NUMIDIA
CALEDONIA	PERSIA
CATHAY	RHODESIA
CEYLON	SIAM
DAHOMEY	USSR
FORMOSA	ZAIRE

```
L E W P E C O A R H W R T
B K U L S J P Y O R E B F
G G C J C S R A C N H Q E
H N K P O E E H R M P P H
U S F N I I I H N E E I T
I U S N P L M X C I N U W
J U R Y D N U F I U E T I
P A Q R O Y W Y S Y D C S
M R E V E N W H H O E A E
M N J A S E C A N Y O N Y
R A S T P C D M O X T S P
F H L I R R Q N N C O L L
P I A S I A O D A W U Z B
M N R U X L M N Z T R R Q
O R Q X R I W F O F S O Y
```

CANYON   PARENTS

CHILDREN   PIANO

DUCHESS   PRIX

FIR   SLAM

JURY   SONS

LARCENY   STAND

MARNIER   THEFT

NEPHEW   TOURS

NIECE   UNCLE

Talk

```
N S W T A E P E R A P F T
A T U I T E G N R Z S N H
T U R I T U O T R U L B E
T J C E A E I L K K Q B N
E E A E F C R R V N K S U
R C J R U N B A N C H Q N
L A G L R X O E T T R B C
W P A C R H X C E E E E I
W T L N S P L I L I P C A
E L X E L L O O T O R Q T
A N E A A C Q V T D E D E
T C I D I D O H A Q S V P
A N E U G R A U T T E R F
L E C T U R E Z P E N N C
K M O W W Y Q X R I T K L
```

ARGUE

ARTICULATE

BLURT OUT

CONFER

ENUNCIATE

EXPLAIN

ITERATE

JAW

LECTURE

NATTER

PLEAD

RECITE

REPEAT

REPRESENT

TALK

TATTLE

UTTER

VOICE

Carnival

```
K S W S O Q C N H O R S Z
T D V G M I Z T V Y K X Z
F N Q T S A C D T C N A J
H A S U F W E I U J X M E
O B M E Q L R R L F O A M
R H X J L A T C C I M R S
S L P R H C T P F E M C N
E R I C S G Y E N S C H W
S A E U F M V C D T Q I O
F J V C A L U D R A Z N L
F S P O N S O R S O R G C
L V G O Z A E A D S T A H
A B E S P V D D T I B O P
G U I L D S P R R S F R M
S Q Z K I U J B K E O L D
```

BANDS	GUILDS
CHARITY	HORSES
CLOWNS	ICE CREAMS
DANCERS	MARCHING
DRUMS	MOTORCYCLES
FAIR	MUSIC
FIESTA	PARADE
FLAGS	SPONSORS
FLOATS	TRUCKS

Aim

```
B J I T L U H A P V D N K
T A Y A H S R X R N E N S
X U O I I G Y O I M T V T
E G N W N O I A L R E A E
P R T O O M S S O N R Y S
O K F U I H N D F G M G O
H I I R S T G F E J I N P
J Y R P S K N T Q L N I O
D E D D I H B E V C E R R
A T T E M P T P T X N A P
W X K R R Q T A B N G E D
W N P O A Y F S J C I B L
V I E W A I R E A S O N L
E V I T O M N E S R U O C
S E V I R T S X Z R Q B E
```

ATTEMPT	MOTIVE
BEARING	PROPOSE
COURSE	REASON
DETERMINE	SIGHT
DRIFT	STRIVE
GOAL	TARGET
HOPE	TRAIN
INTENTION	VIEW
MISSION	WISH

Phonetic Alphabet

```
W M A I D N I U P T E F G
Y T N Z E I L R A H C O A
C S K P J N Q G T A X M W
B S I F J O O J X S I L H
G T L H T V L A T L E D I
R O H Q O E O Q Q M T Y S
G S T O R M Y U U R F F K
O H C E T B E A E O Q D E
T V O F X E M M B F B E Y
R T A Q O R L Q E I E D Q
O U E R F V A Q C N S Q I
M L Q I B I U H X U D E J
E U E H L L T C Q R K S Y
O S J B U U T M I I A E Y
N X H Z W O J G M H E Y H
```

BRAVO	LIMA
CHARLIE	MIKE
DELTA	NOVEMBER
ECHO	QUEBEC
FOXTROT	ROMEO
GOLF	UNIFORM
HOTEL	WHISKEY
INDIA	X-RAY
JULIET	ZULU

Snow White

```
T W T O B N E T S W F H S
L Q A P P L E Z Q A S L V
B U Z M D L L V I Q D U T
W E F E A R D R E N C F J
I E E I S M E X S S O H D
C N Y Q T S A E I O T S X
K O G Q T U M T C E T A O
E L G F O I A W O H A B N
D B Z J N G W E M I G U Z
F P R I N C E D B Z E R S
Y C N Q W G F J O P D L Y
G G H W K B C Y P P A H S
I T B J K O S O E I E S H
F R A W D U I H J X I Y X
N R T H R O N E O K W Y L
```

APPLE	HAPPY
BASHFUL	KISS
BEAUTIFUL	MINING
COMB	NEEDLE
COTTAGE	PRINCE
DOC	QUEEN
DOPEY	SEVEN
DWARF	THRONE
FAIREST	WICKED

Eat Up

BITE	GOBBLE
BOLT	GRAZE
CHEW	GULP
CONSUME	MASTICATE
CRUNCH	MUNCH
DEVOUR	NIBBLE
DINE	PARTAKE
FARE	PICK
GNAW	WOLF DOWN

Drinks

```
J R E D I C M Q A M H T J
C V O R X I N K R W E I D
Y C N S J M D J N I B A X
E N A U C O F U U V P Y D
C C D N V E Z B G H M R M
I O C O G Q M B K D Y U N
U C E N N A M E E D T R R
J O Q L R R M E R R W G T
T A H D A Y E R O D V E L
I A L L I R A P A S R A S
U O D P M E E K R A A K P
R G W T E M T G L E L U L
F E I N O L D C N I G X I
D A I N X Z U B M I Y A D
N W E K G L N J H O G D L
```

ARMAGNAC	LAGER
BEER	MEAD
CIDER	MILK
CLARET	PERNOD
COCOA	PORT
DRAMBUIE	RUM
FRUIT JUICE	SARSAPARILLA
GINGER ALE	VODKA
JULEP	WINE

At the Beach

```
A E D A P S R P Y T N T S
Q L L H K B P F I P S M F
I W L R C R B R E C A I F
X S K E S U C O A K N S I
Y L G K R U C W C Y D I L
Q O N W B B E N W R A D C
M O E B Z Z M J A T L U C
U P T O W E L U E G S N Z
S N O S U N G L A S S E S
S E Y E P E N P R D T S S
E E V B F I W I F I D X T
L R D I N L E E R J K K A
S F L I P U A E K I X O O
F R Q L T K I G T T D X B
X H X R S P G E S F M R U
```

BOATS	PIER
CLIFFS	POOLS
DUNES	SANDALS
FLAGS	SPADE
INLET	SPRAY
KITE	SUNGLASSES
LIFEGUARDS	TIDES
MUSSELS	TOWEL
PICNIC	UMBRELLA

Free

```
N E P O U X R E S O O L E
O F A C O E R S S M R X M
Y A C C L D S P V F T B A
F R Q E E E A A A N Y N N
I W A V L R C V E B A N C
N S O T E A K D P Q W R I
E I S D N Z N S D B A D P
D O K T E E Y T P M E U A
C Z F E P X M E B I V N T
H B G E K L I I F E I P E
U K D R Y H P F L L G A D
A N N Y A I O Z T P S I E
I J T W B T H Z V O M D K
M A J I E S I T H I N O P
X V E L E A B S O L V E C
```

ABSOLVE

COMPLIMENTARY

COSTLESS

DEVOID

EMANCIPATED

EMPTY

GIVEAWAY

GRATIS

INDEPENDENT

LET OFF

LOOSE

NOT FIXED

OPEN

RELEASE

SPARE

UNPAID

UNTIE

VACANT

Mankind are always happy for having happiness. So if you make them happy now, you make them happy twenty years from now by the memory of it.

Sydney Smith

Double "M"

```
G E E Y J M M C X M M U F
V M M E M M M J M A M X K
M E M M J M M A M M O T H
L M T T H R U M M I N G G
Y A M A M M A T L R K X R
O G A M R N W A D L M O A
D M O C P O T U I A M M S
E M D L N R M M L T U M Y
M D G A O Z M E E N R U M
M P I M Y N I M M E K L M
U P M M M S U U M M D F E
G I M I M F A M A M O G T
R M I E I E A O M E A C R
M A C S H T S Y M I C I I
N M K T S M M T M M U R C
```

AMMAN	GUMMED
ASYMMETRIC	IMMORTAL
CLAMMIEST	IMMUNOLOGY
COMMEMORATE	JEMMY
DILEMMA	MAMMOTH
DIMMEST	SHIMMY
EMMENTAL	STAMMER
FLUMMOX	THRUMMING
GIMMICK	TUMMY

At the Auction

```
C U T C S C M Q H G W D T
C O N B N D Z T Y O T J Z
I H L C G U O U B H P J S
N F E L H E A O T B X M J
A U P S E I N A G Z E N M
I R M R T C N U S T K P G
L N E A I N T A I A R E N
I I D J F C L I H N N U I
B T A P C E E O B F E Q T
A U L J R S J L S L D I N
R R S O S R T E K L E T I
O E O C P E Z V O L I N A
M M M V L Y U A O F O A P
E Y R B T U O G B D J T O
M M W L F B K Y L K A Q S
```

ANTIQUE	GOODS
BOOKS	ITEMS
BUYERS	JARS
CHEST	LOTS
CHINA	MEDALS
COLLECTIBLE	MEMORABILIA
FURNITURE	PAINTING
GAVEL	PRICE
GENUINE	SALEROOM

Roman Deities

```
S U T C I V N I L O S A K
B T L S N Y C Y S M K N C
E E U C U E Q K S O A O T
R T L P U N M M O R N R N
L T H L S Z A E M T U E S
T A U R O R A V S A E G O
F R B R C N Y Y L I S N M
E O P W O Y A L S I S A E
I M R U N A C L U V S Y G
R E E N P R O B L J Q M W
E R T S A S N S L E Z N S
K C X S O X U H E A C U E
Q U M L R L J R T K N Y N
W R R U A O X I Y E J U T
X Y O S A Y M R V C X K L
```

ANGERONA	MORS
AURORA	MORTA
BELLONA	NEMESIS
FORNAX	SALUS
INUUS	SILVANUS
JUNO	SOL INVICTUS
LUNA	TELLUS
MARS	VENUS
MERCURY	VULCAN

Winning

```
N F N C P P N D D A W A U
O M O N E Y A R D G A C A
I V E P O E A H E T A H N
L A A T P W C O E N H I C
L F S T A C H Y H A N E N
A W U Y I C Y F Y R D V G
D S C T O O I H T G Z E N
E T C F I Z N F P N B M L
M O E E D A F S I O A E U
I I S D N K C A L T R N S
T T S N G D D X C A R T N
C P R B D E A H Q C N E K
H K M A Q E E N S I E I C
R I S M T J U M C A N U F
L E T T E S O R X Y P W F
```

ACHIEVEMENT	GRANT
AHEAD	MATCH
ASCENDANCY	MEDALLION
AWARD	MONEY
CERTIFICATE	OVATION
CUP	ROSETTE
EDGE	STAR
FINALS	SUCCESS
GAIN	TROPHY

"LINE" Ends

```
I N U K G B C Y Z R P N P
R B L P E N F R H W H V E
Z E E V S X I O E N I L Y
Y M Z T L W J T A D R C D
P B A R A X B S R C I E M
R I F J J D G G T A H T G
O M P C G U X O S H T A I
D Y K E I N G A H B A S Q
U K N D Y D I L O R W N W
C K E L P A A D E H B D Q
T A G X J E O H I W L N J
I M E Z A L Z P P V F A P
O P P O W E R S P H I L Y
N E K G N I R I F O N D Q
O D R F D Q B J C T L F V
```

BAR	LAND
CREDIT	LEAD
DATE	LEY
DIVIDING	PIPE
FIRING	POWER
GOAL	PRODUCTION
GUIDE	STARTING
HEART	STORY
HOT	TAG

"GOLD" and "GOLDEN"

```
G X C R E V E I R T E R W
E E C E E L F Z L T Y K I
D U D I G G E R O K O O T
R O J A A T J G W Y T N K
O C E E H A N D S H A K E
H L C P Y I F I X D C Z O
C N D I S I B F N L U Q R
H N Y I L K E E M X D Q T
H S E L E V P N Y T R W J
G D I D Z I K M E D A L C
I N L F U W U G D J Y H G
G I L H L S G K C E A H K
S T A R S U T W A I G R U
T U P S N Y A R N Y E X B
T G R M E A S L Q Q Y F S
```

CHAIN	HORDE
DIGGER	INGOT
DUCAT	MEDAL
DUST	NUGGET
EAGLE	OLDIE
FILLING	PENDANT
FISH	RETRIEVER
FLEECE	STARS
HANDSHAKE	YEARS

The Castle

```
D Y E L I A B W V U H S Y
S T E N K L Z R J D T C O
X R F E G D E U D L E A C
L I E D Q D X U U T J S B
A Q N W A N N A A H E A S
V B G N O G V G Z C T F K
E O N C E T N L I T S D P
I I S O H R G V L I I E Y
D L N T E A W E M D E I N
E E Y T K T M A C K G Z A
M Y S I M E S B R G E G X
X O G H N R T M E D S Z L
P Y T T E R A G N R P J J
X A S T V U O N E U X W B
A H C Z E T M D L F C A L
```

BAILEY	MOATS
BATTLEMENTS	MOTTE
CHAMBER	POSTERN GATE
CRENEL	REDAN
DITCH	SIEGES
DUNGEON	TOWER
INNER WARD	TURRET
KEEP	VAULTS
MEDIEVAL	VICES

Small

```
F R A Y H N P P W U G Y V
R I T T O E M R Y Y G G R
A N O T X U X E Q R N R M
W T M E Q N N A A Y I Q T
D D I P G S S G U N L R K
Z E C N G U C Y Z I G R N
M R Z J Y R T X J H G O M
I A F N A B S N L T I I I
N P V M H G I H E E N K N
O Q P S I F O S M I Y W U
R E F R L C R H A Q K O T
D P E E W E E T J Z N Q E
S C A N T Y U U J T I R V
S V E U U R I I F G D W C
A Q M C E D W B F C I Z J
```

ATOMIC	MINUTE
CRAMPED	NIGGLING
DINKY	PARED
DWARF	PEEWEE
ELFIN	PETTY
KNEE-HIGH	SCANTY
MEAN	THIN
MINIATURE	TINY
MINOR	YOUNG

The Casino

```
B T J D K T M O E I S R H
I G N I N N I P S Y P G Z
D N P E W V O M M P Q I G
O U O V K H W R I I I H Z
C H B I N H E D E L M H E
S O Y L R J A E U Z C K C
H T Y V X E Q R L D A B L
L J S X R L E P A T L L L
I B E P D I C E S A O A V
S V S X P G B V C R G A G
D F S U Z Z S K R A W N E
R L O G A Q J D R U J R Y
A R L M A A L T D E C K Q
C E X B C A Y F X O U R P
G N P K D E A L E R P J Q
```

BLACKJACK	NOIR
CARDS	ODDS
CHIPS	ROLL
CROUPIER	SHOE
DEALER	SPINNING
DECK	SPREAD
DICE	STAKE
LIMIT	WHEEL
LOSSES	ZERO

Musicals

```
O E N C E M O G A C I H C
C L C A N D E R E L L E P
J A I L H O U S E R O C K
S M S V W F A F I N R R R
C P A S E E T O O S Q Y W
O H E I R R I G I T B Q
M D R G T C I A N G J A G
P H M O H A I L L N I B S
A G M E S X H T A P W Y E
N M S S E C A F Y N N U F
Y S S J P F R V E R N K S
U I K P A L X O I U L I S
M M I M V R Y A O P F T E
L O E H S C H K Y G A Q N
A L L E R E D N I C E Q Z
```

ANNIE

CATS

CHESS

CHICAGO

CINDERELLA

COMPANY

CRY BABY

FAME

FUNNY FACE

GIGI

GREASE

HAIR

JAILHOUSE ROCK

MISS SAIGON

OLIVER!

SCROOGE

SISTAS

TOMMY

Delivery Service

```
K S S S E N I S U B T Z U
C R P I M K N K W E R C S
U A O K H T W E R O A D S
R I N S U R A N C E V E E
T V L T P D L S L F E H R
L U I G D E E A X Q L S P
X E N R N R C Y V A R D X
S V E V O I P I T L P F E
I S A T K W R S A P S Z D
S N S U W J O E Z L R Z V
S G V B K P S K D L E V G
P R I O R I T Y U R W O C
G Y N Z I Q N E T W O R K
U U K L R C M H K D L R D
I B F M K L E X S J F F W
```

ADDRESS

BUSINESS

EXPRESS

FLOWERS

GOODS

INSURANCE

INVOICE

NETWORK

ONLINE

ORDERING

POSTAL

PRIORITY

ROADS

SPECIAL

STORES

TRAVEL

TRUCK

VANS

Jesus

```
M A Q O N T J T R Z B I L
Q A D W Q C J J K B W H B
J F R I P R T K W S E T C
O H X Y S U O J I K R U A
S E C V Y C D M I F D D L
E R T H S I I L A R N R V
P O A G R F Z P O N A Z A
H D L S P I D J L G S S R
L W J V S X S G P E V E Y
A R O W T I N T B G S R R
I X H L A O M W O A Z M N
R G N L B N F O D L E O B
T Z F U L U N U N H N N G
O Q L K E V J M B Z B H M
D Z W E H T T A M M I B N
```

ANDREW	JUDAS
CALVARY	LUKE
CHRIST	MARY
CRUCIFIXION	MATTHEW
DISCIPLES	ROMANS
GOLD	SERMON
HEROD	SIMON
JOHN	STABLE
JOSEPH	TRIAL

British Monarchy Names

```
M W Z A L M E J J V Y C E
I G Z C H E U C L X K H N
X Y L H D N H E I C H A N
I G D W U Y B F I L S R A
D S A B E E F R M C A A A
B R G C I R E A N G U S H
D M N H W D D K Y V P E M
V R P P E K L N Y E N A I
P O K R F S W I A R I C T
S E F D A V I D Y L C Y V
E M T Z A C F U L P Z N F
M D K E T F J I O A A E C
A A X E R O W P R L S L I
J R R S F F Q A U G M E Y
S I N Y E T T O L R A H C
```

ALICE	HENRY
ANDREW	JAMES
ANGUS	LOUISE
ANNE	MARY
CHARLOTTE	PETER
DAVID	SARAH
EDWARD	SOPHIE
FREDERICK	WILLIAM
HELEN	ZARA

It is not the smallest use
to try to make people
good, unless you try at
the same time — and they
feel that you are trying
— to make them happy.
And you rarely can make
another happy, unless
you are happy yourself.

Dinah Craik

Think About It

```
E E F R W S X Y A D O T R
X S B E Q S C I N T Z P E
D I N F E E M A M O H R V
H A P N A S T U W G E E O
S R C I X S Z J S A L V E
T P K O R A M A S E B I R
U P Q E N G C L X E O E O
D A D P S T U P A Q R W P
Y N J U D G E R B R O O K
U G T N D C I M K K V S E
U G B L T N M N P D O M U
E S T I M A T E V L K R X
F O Y I R A W K V E A X C
D B N D R A G E R S N T P
Q D P V J R U M I N A T E
```

APPRAISE

ASSESS

BEAR IN MIND

BROOK

CONTEMPLATE

ESTIMATE

EXPECT

INFER

INVENT

JUDGE

MUSE

PORE OVER

REGARD

REVIEW

RUMINATE

SOLVE

STUDY

UNDERSTAND

Australia

```
S Y S D N O M H C I R N N
E A D E L A I D E Y A E Y
L K D U V X P E Z J C I N
G C M D B J E B A N P L T
N A E N U B Y W A E E R A
U M L A R Z O R R O Q O S
B N B L N O E T N K U O M
E T O S U P H O D F I G A
L F U N S L R V N Y L L N
G V R E E A U O Y H P A I
N G N E M U R R A Y I K A
U V E U U T M E U M E M I
B A P Q H O J V N O O S A
N Z K A A R R E B N A C E
V P M U V H Y Q P U P C H
```

ADELAIDE	MURRAY
BUNGLE BUNGLES	NOOSA
CANBERRA	NORTHAM
DUBBO	PERTH
ESPERANCE	QUEENSLAND
KALGOORLIE	QUILPIE
LEONORA	RICHMOND
MACKAY	TASMANIA
MELBOURNE	ULURU

All Points

```
C U O H D T Y H P B K F F
U N I L W F T S R G B N A
T G O J S I L E Z Y I T S
H G A B M J A O E R B R C
X A D I Z K N O H H K A T
E M L E I S E W L W O N V
X E E N C D P B J T N S X
T K G J E I I X B D A I E
R R E W O P M J Z M M T I
A T F E C L K A P E M I N
W E S T R A D L L L U O W
I E R W L V E P P T N N O
H N A G E S R G W I J O R
F M L K J I Z J B N U U B
I C G Q S Q V L Y G K F L
```

BREAKING	MELTING
BROWNIE	PENALTY
DECIMAL	POWER
DEW	SAMPLE
EXTRA	TRANSITION
GAME	TRIG
GOLD	VIEW
HIGH	WEAK
LIMIT	WEST

Druids

```
U K N D E M S E I R O T S
L H Q I O H U V Z Y S U B
N Y K D F E S T A R I E S
Y W S H G A K A O L C M G
R I T U A L S V S N A A R
W S K T Z I D S H G U L E
T E Y H C N P C I S L C L
Y E F M A G E C H A A I I
C M M W B R H E V C N G G
R E H P E O O Q Y R C R I
P S L M L R L N Q E I O O
A Y O T I E L S M D E V U
K N B S I H Y C F H N E S
Y E V H Z C A S Z Z T S X
J T I H D N I A H M A S Z
```

ANCIENT	MAGIC
ASH WAND	RELIGIOUS
CELTIC	RITUALS
CEREMONY	SACRED
CLOAK	SAMHAIN
GROVES	STORIES
HEALING	SYMBOLS
HOLLY	TEMPLE
LUGH	WISDOM

So Wrong

```
H C D M W A S T D Z V U H
M R R M L S L E X X D Y E
X O N G I S H A M E T L J
N O C M V J X N K H B C Y
D K A K E C J C S A V T H
D E U C G B I U N Y J I K
C D N E M W O O T W Q E V
I R F H G I S J K I T F I
W P I Q P A X N H R S R M
N B T M E S L A F E U E P
K F I S I F K S Z F J T R
H T N Q P N G I A I N N O
B U K N J L A J W X U U P
F A K E Q B D L R U M O E
M E D K M G E L Y H M C R
```

AMISS	HAYWIRE
AWRY	IMPIOUS
BAD	IMPROPER
COUNTERFEIT	MOCK
CRIMINAL	SHAM
CROOKED	UNFIT
EVIL	UNJUST
FAKE	UNSEASONABLE
FALSE	WICKED

Space Vehicles

```
K O T S O V Y Z L H I D D
L P R W K A J E M S A N F
C U D M M S I M A J R O Z
C G N L R R K T G O E Z J
X N X O A V Q Y E T N J U
L I P H K X N H L T E V H
R U E W X H K E L O V B S
E P N R O V O O A I N A C
G I H I E K P D N G K O J
A O U C K G D M T I L D K
Y N V I K I N G G U R T A
O E U U U H I A M N X G H
V E N L E D K B R G E I P
Q R R Q N E I J Q V O I U
B B H F M A N O I R O F L
```

ARIEL	RANGER
COLUMBIA	SAKIGAKE
GIOTTO	SKYLON
LUNA	VEGA
LUNIK	VENERA
LUNOKHOD	VIKING
MAGELLAN	VOSTOK
ORION	VOYAGER
PIONEER	ZOND

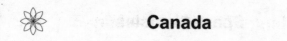

Canada

```
C R D K S G W O E H H Y U
T S E A X C O N E T Z E Y
D X N V I S W Q N N O K A
F I D L E I F S S O R C B
M C T W N L O R Z F T O N
P A E D B C S A F Y O H O
J N S A W A T T O T W E S
N O K U Y R N A O S J P D
R R N T E Y P W I K I U U
D A I B W N G B O F E K H
B N L N F A E L E L P A M
U A C R O G N A B A E S E
U E G V F A G L K G B K K
N O S B O R T N U O M W D
I U I N I U Q N O G L A F
```

ALBERTA   MOUNT ROBSON

ALGONQUIN   OTTAWA

BANGOR   PUKASKWA

CANORA   REVELSTOKE

CROSSFIELD   TSEAX CONE

HOCKEY   UNITY

HUDSON BAY   WINDSOR

KELOWNA   YOHO

MAPLE LEAF   YUKON

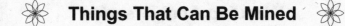 **Things That Can Be Mined**

BAUXITE	MARBLE
COAL	MOLYBDENUM
COBALT	PALLADIUM
COPPER	PLATINUM
DIAMONDS	POTASH
FLINT	RUBIES
GOLD	SALT
IRON	SILVER
LEAD	SLATE

Wedding Anniversaries

```
B D B P S N X K A W E H B
U D O Z E L E L J O D V B
I R U D S C I I M O P Q P
W R L L A R P N P D S T E
Y O O L P A T E F I S N A
G O T N P J Y N L R G M R
W Y B E H T Z K O B E X L
W N R M I L A T S Y R C R
H W S X R J H T Y J I E K
A C J Y E C E E H U H U I
N T B W O E M S T T G K V
I I J T L L Z S A Q X E O
H U T D D U P E Y B S P R
C O R N U U L C N G V Q Y
N R N Y C D D L A R E M E
```

CHINA	LINEN
COTTON	PAPER
CRYSTAL	PEARL
EMERALD	SAPPHIRE
GOLDEN	SILK
IRON	STEEL
IVORY	TIN
LACE	WOOD
LEATHER	WOOL

"X" Words

```
X W P N X X H S I R Y X X
L D R C E O M N V P X O O
L N I N B L R A F Y S S T
X G O O X X K E S A E W V
L N U O H A G T X X U R A
D A X E O P U X R H E X R
B X I X S S I E S I E A H
X E J N A Q X X V T X N T
X N A A E M C A M L U T R
U E H X I X X G Y S N H A
W L M V X P B I Y I E O N
X Y L A N J O A E O Y S E
E X W I I S R L X M B I X
C C E B E X X O Y M X S G
X A M U I H T N A X X X X
```

XANTHIUM	XHOSA
XANTHOSIS	XIPHOID
XAVIER	XMAS
XEBEC	X-RAYS
XENARTHRA	XYLAN
XENIAL	XYLENE
XENON	XYLOPIA
XEROX	XYRIS
XERXES	XYSTUS

Inventors

```
D Q B E N Z R N O T L U F
F H N C Y T A I B C F G L
L G S R U D E O C Z P E U
E R R I V D Y A W H B R K
W E O J I A D E Z O T H F
P B F E L V O E N V J E B
D N S L D I O O X V C Z R
J E U L R N G B B O R D W
L T H J W C D E M I Y O N
R U K N T I L L P A V T K
I G T A T L O V T L T E X
Q W S J B H O M T S I Y F
L O A I P D Q C E E S O W
P R R T H G I R W T R A C
S O E Q T G Z X I D H C N
```

BELL

BENZ

BIRO

CARTWRIGHT

COLT

DA VINCI

DIESEL

FORD

FULTON

GOODYEAR

GUTENBERG

NOBEL

PERRY

RICHTER

TESLA

TULL

VOLTA

WATT

"Z" at the End

```
Z U Z P J Z T I R R A I B
N Z B G Z C P D S P I T Z
I E Z U H U L Q T M Z Y L
E I B I A A U N U Z V C P
H A N Z Z I Z T I D L O C
H T H M Z E R E J B S Z G
Z E Y O Z P W L C K I V Z
O S Z Z L Z Q A W Z R O X
K B H Z M U I Y L K J E Y
G Z Z B A C C F I T A Z N
Z T I L B O C B S J Z J T
S V Z Z R C B G F K Z J E
P U E T J U T Z M S C Z Z
K B E U T V L S S O Y U Z
Z Z F Z Z S L A P A Z T B
```

ABUZZ	JEREZ
BIARRITZ	KIBBUTZ
BLITZ	LA PAZ
BUCK'S FIZZ	OYEZ
CHINTZ	QUIZ
COLDITZ	SOYUZ
CORTEZ	SPITZ
HEINZ	SUEZ
JAZZ	WALTZ

Nursery Rhymes and Stories

```
I T Y G X B N T M N U M T
I R D R R E U O E I D J U
G O N E H D E R P K O C V
G L E T G V R L A P O I T
P L W E H E F E Q M H N N
I R D L K A N C N U G D A
N E L O C G N I K P N E I
O U D N K J D S E Z I R G
C N T W F D I T E C D E D
C A P S A D E G X L I L A
H Y M L I R I F O S R L B
I J A I P N V O T C D A A
O L S A G V M E L V E S V
H R N D L P F A S B R C L
T L U F I T C A Y S X Q M
```

ALADDIN	KING COLE
ALICE	NUTS IN MAY
CINDERELLA	PETER PAN
DWARVES	PINOCCHIO
ELVES	PUMPKIN
GENIE	RED HEN
GIANT	RED RIDING HOOD
GRETEL	TROLL
HANSEL	WENDY

Morality is not
properly the doctrine
of how we may make
ourselves happy, but
how we may make
ourselves worthy
of happiness.

Immanuel Kant

Rodents

```
H E R I S E A U O R M E W
C A S Y D M P G G U W R A
E Y G E L Y U G O R S H T
S J G O O Y O S F U A Y E
U U E C H P A M K M T Z R
O C K R H D Y C S R B I V
M W S E B S N T A P A H O
T L R Y G O E U P P W T L
S E F E H R A W O U E D E
E M T A R K Y G E R B I L
V M O E S E Y B L R G E V
R I M A F V V Y R K R L L
A N R V A I C A E I N A I
H G A C R M O L E R A T T
S I M R F S B Y H B F Q F
```

AGOUTI	HARVEST MOUSE
BEAVER	JERBOA
CAVY	LEMMING
COYPU	MARMOT
DEGU	MOLE RAT
GERBIL	MUSKRAT
GOPHER	PACA
GROUNDHOG	SEWER RAT
HAMSTER	WATER VOLE

Double "O"

```
G N I K O O L G W L R Q S
A K V O O H N T O O O C J
F O O N R O O V T G H O R
T O O L B O X O T O F E W
E P O R D N O P O Q K D S
R S O L A C Q N R O O M Y
N O E A I L E T O O K N L
O U R D O R Y C G D O B L
O G N K D O D H F Q A F S
N A L O O F B E T L R O O
B Y O A X O U O L O Y N O
O L O O I T W R O O O S I
B V O O S T O K W K O T R
B O Z N O O T S E F S C W
O L T X M B F A O O F C O
```

AFTERNOON

ALOOF

BALLROOM

BANDICOOT

BLOOD

BOOKS

COOKER

COOLED

FESTOON

GOOD

LOOKING

PROOF

ROOMY

SCHOONER

SPOOK

TOOLBOX

TOOTHY

WOOL

Types of Literature

```
D P H F Y Y N V K Z U V H
C E U Q S E R A C I P L Q
O F A L Z Q J J M R Q L P
M P G R S V I T O O I A Q
E Y A U E N U S N R R M B
D E S R E V E S P Q E P E
Y S I S E H T R V M Y O K
U P O E T R Y U D H C O F
Q G Q E A N R J P L E N N
D Y C V T I H A S X I N D
V F E S Y U R Q Q L Y H B
F L G R P G I F G E A P C
A P O L O G U E P V S U V
N T U I Q J C I K O S L X
G H B K E L C G Q N E P V
```

APOLOGUE	PICARESQUE
BIOGRAPHY	POETRY
CHILDREN'S	PROSE
COMEDY	PULP
CRIME	ROMAN
EPIC	SAGA
ESSAY	THESIS
LAMPOON	TRAVEL
NOVEL	VERSE

Fictional Places

```
W K K R O D N O G O G M E
B G R L D S T E P F O R D
F R U Y A H T C A Z E I Y
A L O E P F H L Y W B U T
L Z R B A T I A H M E Q I
M E Z C D R O O T L R L C
E N G E G I N N A H A I D
L D P N P C N D E L K A L
F A A F Y L R G A V N I A
M H F R E E D O N I A P R
S L X Q M K N V Z A C O E
K D T M O N F H W B G T M
E L E L H T O G O R D U E
E W O T R M U X H T E E Q
F G P W Z I Q Q K T H Q F
```

ALALI	HOTH
BROBDINGNAG	KLOW
CYMRIL	KRYPTON
EMERALD CITY	QUIRM
EMMERDALE	SHANGRI-LA
EREWHON	STEPFORD
FALME	UDROGOTH
FREEDONIA	UTOPIA
GONDOR	ZENDA

Canine Friends

```
A S A L K G O D V P N G K
B L P O M Y J C B L R T O
F A X Y H S U R B O E K Q
I P T A J Z H P L K Y A R
B D S L C O M B S F Z A D
O O T T I S C A P O L E V
M G L Y K H B P M L Y M I
U W P L E G K C O S C B T
V G A W A G W C T E H Q R
E W S H Y B T X H N C O A
T Z N L G H H A M O O G C
P E T T I N G V O B O F K
I A S D N A M M O C P A I
O N C K P A A E L V N T N
M C K K K T C A L Z M D G
```

BALL

BASKET

BONES

BRUSH

CHEWS

COAT

COLLAR

COMB

COMMANDS

LAPDOG

LEAD

LOYALTY

PACK

PETTING

POOCH

TRACKING

VET

WALKS

Links

```
D T S E G R E M U M V O X
T B H X C O N T A C T S R
Q S T N E M H C A T T A M
S S H M J U N C T I O N S
N E C B O S E I L L A N L
I S P O I H V H M B S J V
A I L S N C I R C U I T S
H A U K S N S S Z Y I C P
C I G Z K E E U G E Z Z P
B L S O T G B C S U S D Z
O I I I D Z D U T O M C I
C N N I T R P C N S G J V
D U R D S D N O B P F S Z
J B Y M S R E L A T E S Z
D E K F P N B Y O K E S A
```

ALLIES	JOINS
ATTACHMENTS	JUNCTIONS
BINDS	LIAISES
BONDS	MERGES
BRIDGES	PLUGS IN
CHAINS	RELATES
CIRCUITS	TIES UP
CONNECTS	UNITES
CONTACTS	YOKES

Camping

```
E R N A O Y G L E L F C D
T N M T Q S O E M J L B N
I A N L E E G F V E G W U
S E Y K A H Q R V Q V A O
T E A V A N S O I E L T R
Z T D C C R T Z P L B E G
S F E O F S O E M O L R P
K T N L C Z P U R X E C M
I E A F L Y N E T N P A A
L P P M A O R V U E J R C
L H O H C A C T Z B R R T
E W R H Z K A G N C N I O
T Y P M Y R E L T U C E F
G Y H A Z N F L N Y O R G
G N I K C A P K C A B C C
```

BACKPACKING	MATS
CAMPGROUND	POTS
COUNTRY CODE	PROPANE
CUTLERY	SITE
FIRE	SKILLET
FLAP	STAKES
FLY NET	STOVE
GRILL	TENT
LANTERN	WATER CARRIER

Fractions

```
J A R E D R O N H E M Z F
B I F I F A M J H T K Q R
R R E P O R P M I G H W A
O V H L W Q U A R T E R C
T V T H E G E V F N F D T
A Z N T C V D L E X G D I
N I O X T V E I Y Y W D O
I F I I V W T N V R N V N
M M L S T Q U O T I E N T
O I L A A K Z F N H D O J
N X I Z H J I D O U N E I
E E M D O F U R M J L I D
D D F Q T M S I M P L E T
Q C Y H T I V H O E Q H I
R T N I N T H T C Q Z M D
```

COMMON	MIXED
DENOMINATOR	NINTH
DIVIDED	ORDER
ELEVENTH	QUARTER
FIFTH	QUOTIENT
FRACTION	SIMPLE
HALF	SIXTH
IMPROPER	THIRD
MILLIONTH	TWELFTH

```
S S Z G O J R Z Y A K X H
U U T H E S A U R U S W X
S B L A C K L I S T R U E
N A Y R R T C M U O N V Y
E L E E H I A V H E W F I
C L X G T I F L M D U E J
E Y J D O T T F L D U F H
L S A E R F D P H Y S S A
B I B L I O G R A P H Y A
A T P J C I A W F R D X L
T V F K G Q N T N V A L G
R W E N C N E D O M O D N
W T E E H S D A E R P S E
M Z V J D I A R Y X B O V
U X G Z G C L E X I C O N
```

BIBLIOGRAPHY   MENU

BLACKLIST   ROLL

CENSUS   ROTA

DIARY   SPREADSHEET

DOCKET   SYLLABUS

HIT PARADE   TABLE

INDEX   TALLY

LEDGER   TARIFF

LEXICON   THESAURUS

Golfing Terms

```
E V E Z Y A E R E T T U P
K V G C U J P S U T U Z T
V X D Y N L T R D V E T P
E L E A N A Q N O I Q T F
K I W F G J T V H N L C M
O A D P G T G S F I H D O
R B F Q F Q A V T I D H F
T I V A H M A F P P R A Q
S F H D I L O S Q Z I N P
X S O G T E H E B G V D G
W F M L L O B R A S E I D
O K S G T E E O F F R C U
O C N K Y G S F G J F A D
D A H P O P H R U E W P F
A B G I M L E T L A Y Q R
```

ANGLE OF TILT	MASHIE
APRON	PUTTER
BOGEY	SHAFT
CHIP SHOT	SOLID
DRIVER	STANCE
FORE	STROKE
GIMLET	TEE OFF
HANDICAP	WEDGE
LOFT	WOOD

Opinions

```
E K H T X J H Y L M A N E
P N C H X C R X L E O P D
F O I K H O R R V I S W U
M E U R E F A I T H S S T
D O I H T V S A L N E U I
N H T L G C M A O I N R T
S Z N Z E I O I U Y T M T
A E D I T B S D K Z I I A
P N E S R U E Z K N M S N
B C E L L E H R D I E A L
C S N C R V X D M H N L X
E U N C A N O N C O T N W
Q O N F A F I N G I I E I
C Y C G X G U E S S I X Z
N S I S E H T Y D V V S A
```

ATTITUDE	GUESS
AXIOM	HUNCH
BELIEF	IDEA
CANON	MIND
CONCLUSION	SENTIMENT
CREED	SURMISAL
DOCTRINE	THEORY
ESTIMATION	THESIS
FAITH	VIEW

Inventions

```
S E W T Z H J T P R C B P
Z C N C O M P U T E R A L
P R R E S A L X M T U L E
F R A G L F W E S P H L T
W N I E D Y N A M O R P U
Z I H N P T R E V C A O H
Y R N B T A T E T I U I C
H I O A C I T F T L R N A
O P P Z D I N H O E A T R
M S P R M I T G C H D P A
W A O K K U L S P T I E P
H C R Q C S P Z A R O N A
E B T E N O H P L L E C U
E V W C V E L C R O P S S
L D R T W P S C S T M T S
```

ASPIRIN	LASER
BALLPOINT PEN	PARACHUTE
CELL PHONE	PLASTIC
CEMENT	PRINTING PRESS
CLOCK	RADIO
COMPUTER	SCOTCH TAPE
CORDITE	TERYLENE
DYNAMO	VELCRO
HELICOPTER	WHEEL

```
N E D L A W S B E E T X X
Q H J J O V Q M H O A P M
B X I S U N M A Z H P B E
P E R S U A S I O N O X M
N M T S L M V H U A L Z O
E Y M S E A M R I V O X R
V K D K I V S E D I G L F
A N W W D W I T R U Y Q N
R W L I C Q T W B T N X A
E O A L U C A R D O I E H
H I O C A R R I E I W M T
T M N T K M A Z V V M V E
F S I E S T Z J S D I Z J
V I M P E R I U M J F L G
V O W A L D A M G I N E O
```

APOLOGY	IMPERIUM
CARRIE	IVANHOE
DEENIE	MIDWIVES
DRACULA	OLIVER TWIST
DUNE	PERSUASION
EMMA	ROOTS
ENIGMA	SUMMERTIME
ETHAN FROME	THE RAVEN
HIS LAST BOW	WALDEN

Once more I realized to
what an extent earthly
happiness is made to the
measure of man. It is not
a rare bird which we must
pursue at one moment
in heaven, at the next in
our minds. Happiness
is a domestic bird found
in our own courtyards.

Nikos Kazantzakis

Slot Machine

```
E W W X W Q S H U S D Y Q
C A R O U S E L P U R F W
T Z K S T Q O F E L O A U
M E E G N A H C X E A P B
R S Z S T I U R F S R M E
O K U R F R O E E Y V N S
L E T N E W A C S D I M G
L B S P O T E K R L B F B
U W E D U B I G Y X L G F
P A N R D U E A D S P E D
T I E Z Z S P D B U K U B
W S P L T L L X A P N S C
K O J A G O E A X C Q Y P
U K R E U T Z X E Z R V X
T T G J V S M U L P B A U
```

ARCADE	NUDGE
BARS	PAYLINE
BELLS	PLUMS
BONUS	REELS
CAROUSEL	REPEAT
COINS	ROLL-UP
EXCHANGE	SLOT
FEATURES	START
FRUITS	WINDOW

Double "N"

```
C Y O N N Z T E N N U P M
C N N S N G I S O L G I Q
Q D F S C N I N I G N H R
N U N L A X B H N N C N E
U W E N N V R C O I G Y D
G B H S H E A W G N A T E
Y R Y I T A N N I C N I C
R R N D N I I Y N I Z U I
E N E O E N O N N A R N T
I S W N N N Y N S F H N O
N K I U N N C N U W A N
N N C A L A A E T A N K N
A Y N N M I T N K S I N U
P N T Z A N T E N N A R Y
L E N N O S R E P Y S C E
```

ANNOYING	PERSONNEL
ANNUITY	PUNNET
ANTENNA	QUESTIONNAIRE
CINCINNATI	SAVANNAH
CUNNING	SUNNY
KENNEDY	TANNERY
MINNOW	UNNOTICED
NANNY	WHINNY
PANNIER	ZINNIA

"Z" Words

```
Z W R C V Z Z Y P V R O Z
V Z N I Z A U A P A C R H
F I A I N N I Z B A Z C S
Z Z Y G O T E I T E L T Z
T E G Z P I Z N N I R U I
Y Z A E Y N A O Z Z E Z Z
Z I Q L A Z I H T I N E Z
Y M W Z A L G Z I V P Z T
L M R N G N A B B P E O D
G E S A Y G D R E Z T N H
Z R B L R D D L B S M A M
S A Z E R O I N G E H L Q
Z Z B P N N O Z Z I Z C D
H A I R A H C E Z A I R E
Z E Z I R C O N I U M R Z
```

ZABAGLIONE	ZEPPELIN
ZAGREB	ZEROING
ZAIRE	ZILCH
ZANTAC	ZIMMER
ZANZIBAR	ZINC
ZEALAND	ZINNIA
ZEBRA	ZIRCONIUM
ZECHARIAH	ZONAL
ZENITH	ZYGOTE

Soft

```
T D V V B O W T Y N G R D
E E Y K H Q Z Z P E W E L
C S D B F D Y F L O T T I
L T Y E U T E T U Y H T M
U N Q M E T N T P T Q U W
D B E V P E R Y U U D B Q
K X L K G A L D I L H R N
Y E I A L E T E P V I V M
V N W Y N I T H W L L D Y
D C A I H D S T E K E Z S
Z S E V S S E Q V T D J W
C N Z M I N U T D O I X R
T R J T D X H M W Y P C F
Q F I E I Q W N M I S T Y
T H R M X L Y F F U L F I
```

BLAND	MILD
BUTTER	MISTY
DILUTED	MUSHY
DOWNY	PULPY
DULCET	QUIET
FLUFFY	SILKEN
GENTLE	SYMPATHETIC
KIND	TENDER
LENIENT	VELVETY

Juicy Fruits

```
I H A V A U G K M R E J S
L I P P L E I O S T A M D
G H W Q B W R L A K X E W
U A U E I A R N J M H G P
T Y C P N W A G O Y C M V
T A R G U R S Y R M A P U
O P E R G J G R O N E E E
C A D E E R E W G G P L L
I P M V O B H O E Z N T P
R O K L N P E Z A O E A P
P J E A K H S U L E P U A
A M R X T G G E L E A P E
B C Y A X Y M V W B R G N
C N E C T A R I N E G T I
E M I L E A K D Q F N V P
```

APRICOT	MELON
BLUEBERRY	NECTARINE
CRANBERRY	ORANGE
GRAPE	PAPAYA
GUAVA	PEACH
KIWI	PEAR
LEMON	PINEAPPLE
LIME	POMEGRANATE
MANGO	UGLI

Can't Keep a Secret

```
R M O F H C F R A K I S N
P Y F I T O N B E B I D T
Z F A D M I T F B V I S H
B Q J G T P B S B U E D R
V X Z E H E A X Q F E A Z
N Q L D T L F R I I R Q L
N L C R I S D N T M A S U
E M A J E L A R F P N D Y
L Y W G O M I C F L S E R
E G G F O N X N D Y N C J
V X N X F H P N O A E L P
I U P O Y S K I B G O A Q
N L R O T Z A U O R K R S
C M S X S E E R D J B E B
E P X Q E E L A C J U B D
```

ADMIT	INFORM
BETRAY	LEAK
BROADCAST	LET ON
DECLARE	MANIFEST
ENSNARE	NOTIFY
EVINCE	REVEAL
EXPOSE	RUIN
IMPART	TELL
IMPLY	UNFOLD

Whatever the Weather

```
E J B K T Y M G Y L T T R
G T T O U S L R K Q E R R
U U K Y U H A S O M E W M
L O N Z P A G C H T L U Q
E A D G Z H S S E O S G P
D E A A P S O M K R W Y D
H L F K N M O O J H O E C
E T Z A K R R G N N C F R
W X U A A E O Q T R J P X
H Z O B D Z Z T R R I F H
E W I N D Y S P L W A A W
M J U P I T U Z P X J H F
S H E R E H P S O M T A C
T R A A H A K Z U D I Z M
W U U E N I H S N U S Y Y
```

ATMOSPHERE	SHOWER
BAROMETER	SLEET
CHART	SMOG
DELUGE	STORM
FAIR	SUNSHINE
FORECAST	THUNDER
GALE	TORNADO
HAAR	TYPHOON
HAZY	WINDY

Tickets

```
T S B V X U N O F Y J I E
Z C V C Q R Y N N C D G F
C I R C U S L R I E D C M
V E Y T Q P N N R I W W C
G U E L B X E C R E F A E
T R W J B M P B F T F C Y
M O Q J A C L A I L N L S
U S M X T L F Y R A W L Q
S T Z B O Z A B D K R N N
E A B T O W A I R L I N E
U R D Q L L W B E A S N V
M J X I C H A C R X V U G
Y R A R B I L T W Y F H H
F R I A F N U F D K C J O
E N A L P Z C O N C E R T
```

AIRLINE	MUSEUM
CINEMA	ONE-WAY
CIRCUS	PARKING
CONCERT	PLANE
DANCE	RAILWAY
EUROSTAR	RETURN
FERRY	TOLL BRIDGE
FUNFAIR	TOMBOLA
LIBRARY	TRAIN

"THREE..."

```
P F A T H J X H S Z S E S
O D D J H I K T X L E N G
I L M E T H R U J S G F I
N A K I G I G L B R O I P
T N E E K N U P J E O F E
T O Y E S Y O S S E T O L
U I S Q D G V R E H S U T
R S Q N T N N N P C Z R T
N N W A G P I I M F E T I
S E C A R G T K H S E I L
R M E P B J L E A T N M P
W I S E M E N H N F R E K
H D A T M O P Q D O O A J
D R U B D E C K E R R F F
S U T M K H P B D Q L S T
```

BEARS	OF A KIND
CHEERS	PHASE
DECKER	PIECE SUIT
DIMENSIONAL	POINT TURN
FARTHINGS	PRONGED
FOUR TIME	STOOGES
GRACES	STRIKES
HANDED	TENORS
LITTLE PIGS	WISE MEN

Sold in Boxes

```
S S X S I R F E P V D K E
B Z D Q S N E R R A M N S
Y E T N K E W P T X I G C
W L S A A O U E A W L Z S
D A E E B B S S K P B A I
Q E S H P L R W S E R A D
S R K H G O E E V I N E R
G E C B E W L T B N T R E
A C P R T R P E S B C N T
B P E P A C S Q V A U W U
A I N A C C P X K N Y R P
E K C O U E K E C E E T M
T E I S N R S E G G S U O
W U L S C I G A R S W L C
D U S B E W B I O S N L N
```

CAKES	PENCILS
CEREAL	PENS
CIGARS	RUBBER BANDS
COMPUTER DISCS	SOAP
CRACKERS	TABLETS
DATES	TEA BAGS
EGGS	TISSUES
ENVELOPES	WASHERS
PAPER	WINE

Irregular Verbs

```
T T J K W B K K C D K T E
C V G A H E Y D O C Z H T
K N A T S N R O Q O A G D
O O D O P A K D S O T U W
Q T N E W R E D N U S A U
U H W B V V Z E N T S C N
Y E N E Q O I P R U D N O
J R O W R W R E Y D L L B
S T U C K G N D I W E R E
K E J O G A X A S R H O I
A N F L A I P M A O H L U
D G E E D E L N O S T H M
Y F C W R U G E I E I W O
T N E P S R E V O E W O B
E N I V I V Z T A R B N C
```

CAUGHT	ROSE
DREW	SAW
DROVE	STANK
GREW	STUCK
KNEW	TOOK
MADE	UNDERWENT
OVERSPENT	WERE
PREPAID	WITHHELD
RANG	WON

Solutions

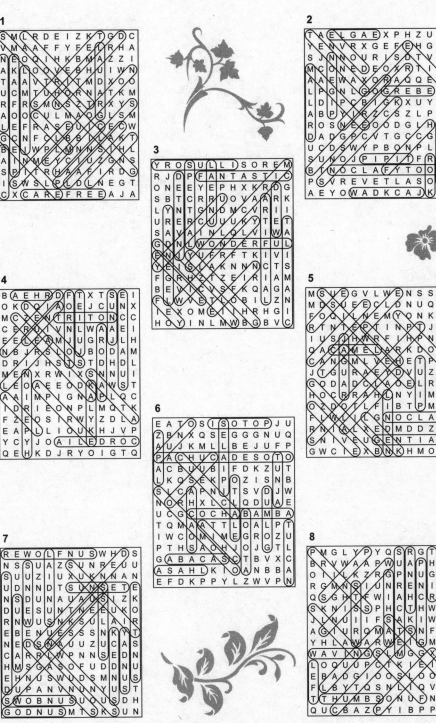

Solutions

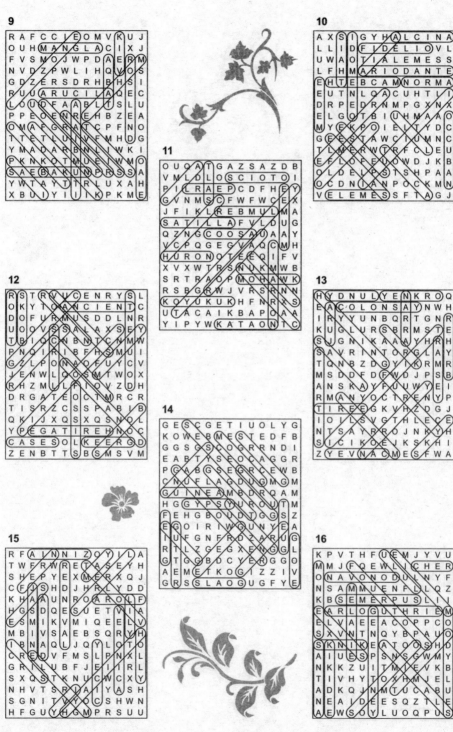

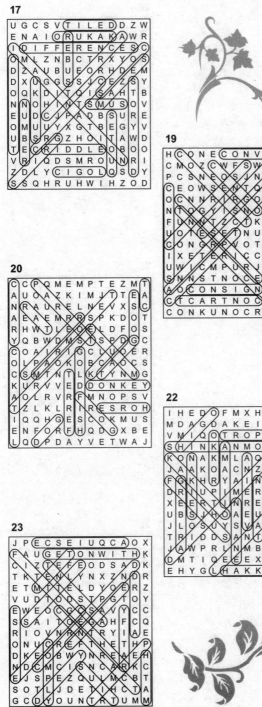
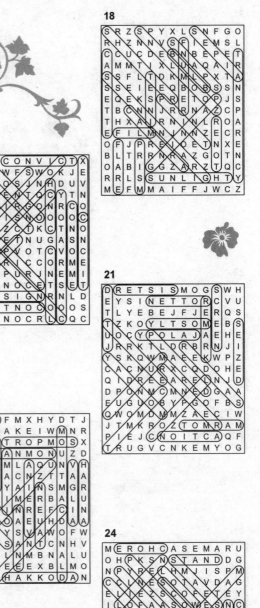

Solutions

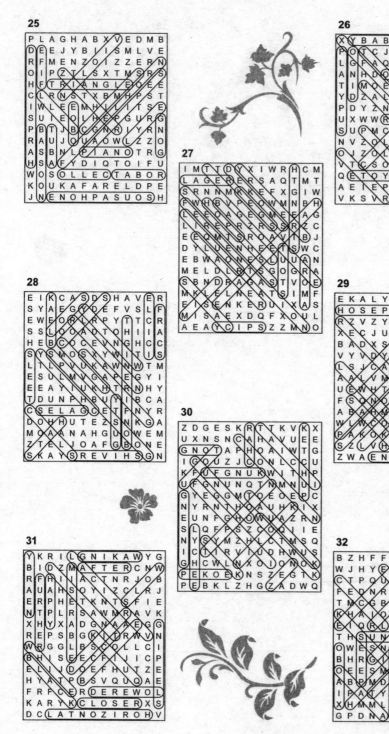

25

26

27

28

29

30

31

32

Solutions

33

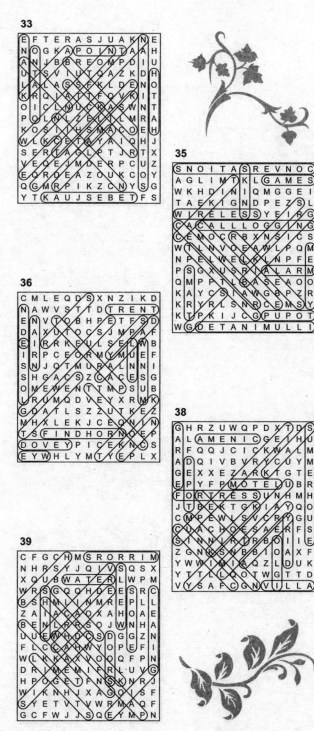

35

36

38

39

34

37

40

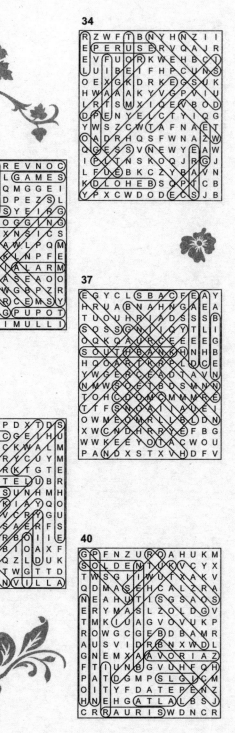

Solutions

41

```
H C T D U N S R E S G H Y
O V H A I N S W O R T H C
U X J X N Z Y R N Y Y N A
D N O X E W U A O E M I R
N N S C D I T G T K J A T
O O G P D L A D R A L R B
M L N O A S E E U E X R E
M S I G M O T E B L U E K
A V L O T N W H L X V B I
H D W X E C F X D E M O
F N A P D E H H A R A A L
H X R M T E I X E R Y H X
X A A J S X T G N F C I E
C R T R U O C V W I E N L
K H Z S F V I T H T B Y W
```

42

```
B F F A V I Q S F F O A V
Y N P F R F W X P F N N Y
O E O E L F F A R F O F X
N F I F W Z U U L F F C M
F Q F F F A T S D U C R S
C F K E G I C P L R L N V
R H F C R F H F S D J C W
Z C A T F I E C F O J F E
C U L U F F N A O O Z C F
Q A B P F F I G F W I V E
U E R A F F F A F F Q A A
R T C D A N E O F H I I R
B E Q U I F F U J I F F Y
I F F C R F S G R H E I X
Y T I N I F F A D A F F O
```

43

```
D O P O R H T R A W L Y Y H
Y U S F O M W S F A L S P
E V E N T O E D D A U J Y
K U N Y L L G U C O K A L
X W Y L T J A S R W G D H
E N I N A C D A O I Z T A
E M A K A Y P O L B C W E
T M R E N I L E E A L V P
C R E V O E Q D D M Y R
G D I O N H C A R A B K R
A Q N I B R I D V J T A E
V H A E B H F I D F L E D
I L E K G H B A E U I B I P
A N U R A N U O L S N P P
N L A M B U L A C R A L S
```

44

```
A L A S S A M C L U P K H
R E B M A S E P O C A V U
I N I A E L K G C J R V Q
T R A S I R O O D N A T A
L F R N V H X O R Z Z J H
A D L T A C T G J M H R S
B S A R D M M A X E A H O
X S O A S H E A P A E C O
V I U M L V A E O E U R L
I C I L A S H N K H X V A
R L A J S X T G S X M C G
M H S O J B E U R A I T A
P R E D V B C Y P P K R S
J K H R A L O O G O B I P
W K J B S A R D A M N O E
```

45

```
M R B Q E G R O E G E S N
R K G N T W Y R S A S H T
S Z O Q O P Z D J I M R E
S R G U D T R K R C S M E
M U E E H O R G E M M E
I N X H F I O D N L M P Y
T Y J A T N G N N R D T S
H L L U S O A H S A I R E
N E U R A I R C B P S C T
Q V M R R M R B O U N J A
K E B A A E T E A R T Y
X H M Z Y U E S M H H Y
E S U O H D O O W N T F M
O B O K O T R E G E N C Y
R O N I L E Q G Z T T B T
```

46

```
R U C K S A C K H Q E G K
P U T O K N Z K E V P W X
A O C I N S T A A U X E
M K S T K E I S E V O L G
S K L X H D V F W D O E F
V P T C U U I E P J E G
W A T E R I I A G Z V C L
D A T T G S N T H A T I
M B F X T X I S O S E G U
V E L I C K S A A K R G I
I G E A L M T C P X I P
I F S A N E C A O F M W F
D O W O R K J A X O K O K
U O S A X V E J R A B M C
E D O Z D B X T B F I C A
```

47

```
O L L F L N J K Z C W T P
K C J E A N K T T S B C N
B J K C F Z H N M I P A N O
U Q R I G E A W O N P T M
R I N D R D Z F K D F I Z
L Z D J J B K R N R T B O
I F J A O N M E P A S A N
H G W Y R G Y L U T D U A
B E Y L A S U A S D V U N
N A X B S P R N D U H E U
F M R A R L L V M G D E S
F T T A R A D L M A I D
D H P O T G G S D X J N U
P O H B I S V J Y L G A Y
F T R K U A O B B Z X Z N
```

48

```
G F A T I H C T I H G F G
A E J R H U C P D R O U N
T R J P S S M O A L L O Z
X W R U U L E S P G O L X
Y Y K E T D M R N Z H O
C P Y R S W N A N D E L D
K O Y P P T B U Z E V R Q
Q I L A B M H V O G R I P
B X P L E S I R P R U S
U L O U A O C F D X R X P
P R S M P R Z L D H E P I
G Q U O J A A X U Y O Y B
N L T Y P U N H C T A N S
E N T R A P F S S M C P M
T S P K Q R V H I Z D H O
```

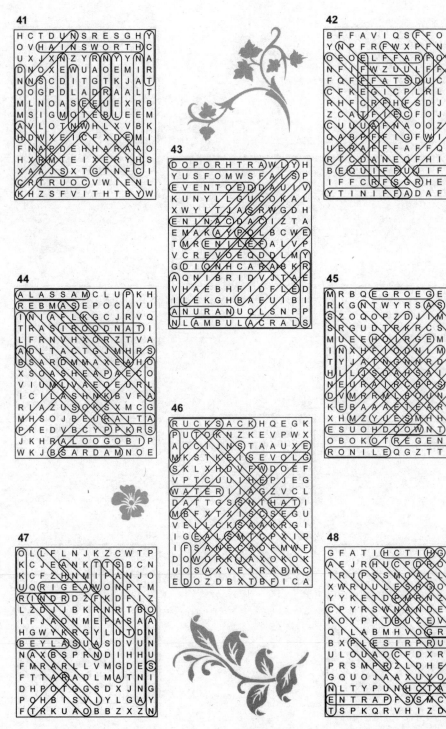

Solutions

49

```
U B R M U T F U U U P G A
U N P E R T U R B E D U I
R K T U E T A M I T L U P
A E H E R U V U U U N L O
S N B E L B L A G U D U T
U Y C M V O R L R E C L U
D H T Q U E I S A U A N I
T N D I T U U V U G F W U
A U T S U H S R A I E U Y
D V L J U O G R N R N T U
N U S H U E I S H T I U
A U R A N U S B R T O L W
G R T T G H U B U P N I U
U F U A E O U M A A U T J
U A Y D R S O C R R B Y U
```

50

```
S U S E S X Y O Z E A R S
U D F Z H E A E K G N A L
I A P E T U S L F X A O T
P B C S F H S R D J N A A
A H G A N X A B E N K W A
L Q P R D Y A N P P E B E
U S O E J N A I A G W P Q
C A Z S C O E U S T I Y I
S K R P O L A N H M O Z E
R H E A S T H E M I S O
A G D F H U P T G Q W L F
K L I G C B H A Q K L Q J
G A L E N E C O H O K K I
G L W T U U B Z P R A H Q
H Z Z S K C Q A S X F H Q
```

51

```
Z S N L U J A Z R O X R V
V Z O K D D A I B A O J B
Z L S Z U G A B A F R S R
F X E R A T R I A N A Y R
W J A C P E D K P T N D Q
D G G Y Y N R U N I T E D
A A G P I E S A M E B U T
I E H R N V Q L R Y E Z E
R L I Q I Y V L A I T J
C A D I T B J F V D N K U
H A V M C E A S T E R N E
I A T A I R B E R L I N F
A R S Y A I A Q V T U Z L
A I E P T A C N T A N P O
I G K J O A T L A M R I A
```

52

```
I L W U N Y A E N O Y R T
S N I K W A H K W I J P O
P A R R Y O F A R U A E A
Y V T X O B O R L R A G A
N E F D N E S D N U M A C
O S F H I C O O R O G R H
S P B J O T S E E B R N I
D U H O A S H C A M N N C
U C K C C S E P J P I H H
H C S I I M O W B L G U E
V I R B K Z O N K K R C S
Z E O C B R Z N L S T H T
Y R F A R R A G U T F M E
F L E A P R L T A O C C R
U G B Y F V P I X B E Y E
```

53

```
L D S T N Y A V N B B R R
A T T B P A E C A T S U Q T
T S N W X H K T T A M D B A
Y P P X C Y E E I I Z P W
R O R N H R D L E G A R R
C B I V G N E I R I I E D
U T E F Z E G H S M W V I N
Y T U J Y T O S I L Z E U
Q U A R T Z N U R S E S R
L F H O V J O U D T C S D
C A I V A C Y C I T E N I K A G E
V E A T B L S K K J W L Z
```

54

```
R A N D D I N E M V T J O
K A B T E E H P V D B G R
Y K L C E T A S T I N G L
E E Q L O Z N N B T A O R
B O B R E T N A C E D G G
X M G G C C N A H L I S T
E G D O L T T Q H C L K T
P N V E H G S K S A R U P
P R A U Z M C E R E E R
G E F M N B G A S V O M
L V S T S E A R A S R K C
A A B P R E G U B R E A O
S T P Z A Y L A Z H B R H
S K I N B T V A R D Y O P
A V O C P V L T S R K L X
```

55

```
P E I S K R B Z D W N F D
I L T L S N O E B L O O D
Y S I P A A U E D I R V
E M P A T I L N Q R T E K
W N I U C O U I F I Q Z N
X N I B N N R I V N L M Y
T K S T F C E B C A S V O
A E X Y N M H Z T E A M O
Y Z C V U E F H C R S R P
X L J F R H P O G T I L M
D P R E V Y L R O J D S A
U E T E J O J C U D U B H
P A Y A G A K K N T V X S
W O M N Z E N I L O S A G
C Q E W W B G Y N Q X M U
```

56

```
C W A N E O A C J E P Q J
R K Y Z M Y N E V C I T Y
O S O A A U N E T D T R Q
W E M M N Z M R I E M Q E
U M K E C D N S O N T A A C
E F N J A F K A T U C N N H
G O N E O G U U P I V X C
G L X B A N I S J I C C N
T E X R K Y A S O K L Q U
O M R E H P U P A C U A C
F A J I O U R A M W C E I
N B O N U Q R L I A W I P
Y J C P V K P O R A W Y M
V A R I M A I M N P W E A
```

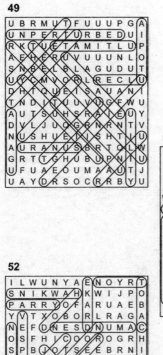

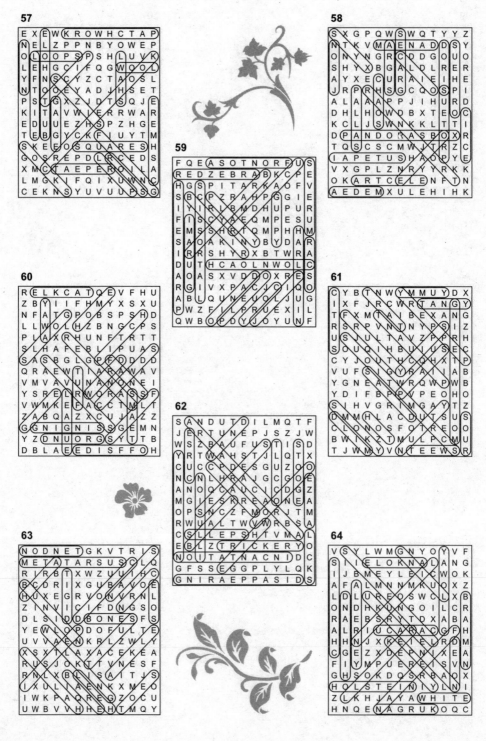

Solutions

65

```
O U T W O B H M E I T U O
E U H U O U T O U T A G E
U E G T O U T G O I N G O
O Z I U S T D U E I Y U W
U I R O U A T D D B T Y H
T S T U N R K L A F T U O
S T U O N S U R T U W O O T
A U T B O A R D O U T G
N O U T D O O R M T P Z F
D O U E C R U O S T U O Q
I O U T D A T E D V Z T V
N C T U O D L G O U T P T
G U L M K L E Z Z V S U U
O U T E K A T T U O F M O
```

66

```
H T G N I G G U H V V C I
S G Y S M B C O B P H V I
U X Y O K K D W T E P R N
L Y L Q R K G T N O T O J
P T F D W Y U R U G T T U A
T F N N M E D S N G S W C
C U E G P A X R N D D M B
L L I U S T X I Q G M P N
N F R L S C D N N C E C O T
E F A E D A I J L R B T
I A O I A A F R B F K G T
P E X P E F O A U R T U
B S A N U T V Q C A T E B
H W Y T O O S R I B B O N
S T S N L A N I W Q R F M
```

67

```
Q P O T R L C H A A R W Y
J P Y E E L J W C L E A K
U A H X T O X I T X I A P Q F
T V C H S K O M N S J H U
V Y J K E L I B N X A Z U
A T O W H M U U S N J R Z
J T Q I C A I C G O I E I
B I F S B A W E X B A O E L
B K K B A L L Q O W R R L
B S Y B P O E C R E B G Y
Z S M N N L J M X I L E F
D I F X I Y X X V T X C V
S M L L E B R E K N I T T
U R L U K H J H O Q W R N
J Y A K H L P A S Z O I C
```

68

```
K Y J D V O T K I N S K E
R V N B E K J N S C O E U
O C Q A P R A K Y A V N G
M H Q I P J F N B A E N E
E O C O S P O M L G U K N
O L Z S Q H E S A T Q C E
A E U A P Y E Z C M I E O
N R K M R H T R A O T M N
D A Y A C T A Q V M E N G
J S V R I C I E P A H O I
U K A K N R A N T I U V N
L M T E O T A P N U A Q N
I E N R Z U L E W M A P N L
E H T R O P I F S N Q V O
T E L M A H N I H E O A
```

69

```
R H A G N I T T A H C Q I
P V T W X W X G S T Q S V
L X E V M X P D A E M C W
U A V Y P O Q I S M A X P
Z A U N A Q O E L E E A M
V W D G F F S R E L Z S C
T H A G H I S G D J O F U
B A P T O T N D T E U W U
Z A L N C L E D N O B K S
D R I Y N I G I G G L I N G
I P I O J N T N Z T G R S
N S N R Y T G R G B E U F
I G S E R A D X T O G C
S F C I S U M F C Z V X Z
```

70

```
V E S U V E B P V L V E
V U E U Y F V Q S R B C L K
I I Y V G I Y V R A M T N A E K B
V E L B A T E G E V D
A I V T K Y E U N V T E G
C I U S I L E T V U A W N
O G D V C A D V B V V E R
U E S I L U V Y I N G V L
S V N L A X L L A D N A V
G E Y B U N A T F P D V Y
N N U S V U V U T K A T
Y D V R I V J C H R V S M
V O E R V I G N I W E I V
V R T E G A T N V U D N
```

71

```
A I R O T C I V E K A L F
A R A L S E A W A E T M N I K
J E M X R B A S S E A I K
V G S Q S U R O P S Q B K
Q U N A C A R I B B E A N
Y L A B N O L A X R E D O
A F O R A S T H N K Z V I F
B Y F E K I L K I S K R T
E A D C O S A X H O G T H
S M E E R B K A S D O U C H
A N A S H U E U U C R O G
R I A E S A R A K Z E H S
T A G C Z U J G F P J V R
```

72

```
Y F S E L E G N A S O L L
E R E X W Q B N L E D H A
N M V A N C O U V E R C I U
Y X W P E H F V A A Z N A A
S E R C A U E N S U L U R D
L O R N E R S T E S E M H I
V A N L W A R E C W B H L A
R I F F L U H S A Y A L A
J A N P G H N T Z R R H
N J N C S B D S L E I N
S U N G H P K K N M O L K
J U F J K E K K N M R G I
Y W I R S O O T T C S A H
A D E N A H K N A Y D N W
```

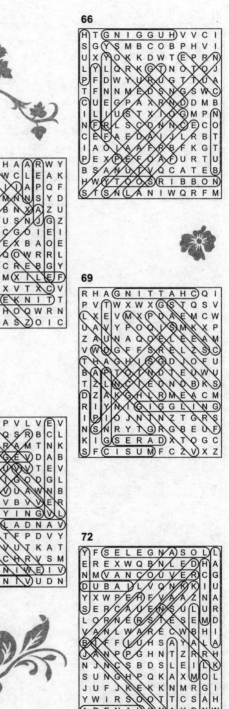

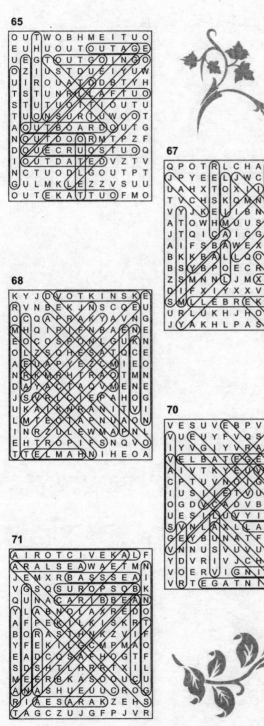

Solutions

73

```
G F N B I   J E B L G I C Y
V P C A R P A L A M S W F
Z S P J L N T K S U R I U
X U A S V T O U L U R R U
S E C N Z Y I H M C H A I
I L E C K D X B S A S O L
V L E T A L T A I S O T A
L A R U Y E K Y A G R L W
E M K A O S S I C L E U W
P M Z P V B F H F U I Q L
S P H E N O I D Q L I T R
B L Z Z K X C L Y N L A N
E N O B W A J I A S T V I
U S B I R Y X R H U X I L
N P A D C C D X D M J L
```

74

```
E C Z R O M C O K V N V J
N F P N E T I Q O G K A X
K I M E L L O W E T A B Z
A S E W U W A N S R F Y P
R E L V P A X X N T T D A
M E C I O G V N E D A X T
A E A B L H J C D N W C
U A D A E E C T N R O H H
P A Z I R P R W L D E U
G A F F T P C A D Y G U L
R Z V C B A H S L D R M I
O P A R T G T D E I F E
O M A F I O E J O E H S L
V E C O C T T J O E H M S
Y L L K C O M M U N E R R
```

75

```
B P M A T S E G A T S O P
R S A T S U M A E P N R O
A L I A D C A D C I P M P
B A N A N A Y A K F T L I
U S U U R L I S B T X E E
H F A E L D L O G J K H B
R V M A W N T O R R A C P
L D C Y I X L M F E B L A
B E F W K Z U J P U H K I
D C H E E S E R I N D E N
B G P V H M H G V E T R T
R A H R Z W P R C F Z U X
T C O Z H O C A I E B A O
E T O M A T O P P G M W N I
M U X T X S Q E M H P V O
```

76

```
T E C I V E R C B Z B O Y
E A S E P R E E Y E K H G
G N L E R U P T I O N V X
H S O J N S T N V L N R M
R L F C H K A F K E A X N
S J V I B L V M T B V N
N X E W X Y U L G O S A
Q L N L G A O N R A U I K
D S T E A M D M W R M T
I L G P K H A S C A M S U
W Y A O R N A G R H L T U D
Q Z S I T W A R H L T H D
I J E D D J R L G W X G N O
F I S S U R E E F B X B O
G U J L O S E T A L P V C
```

77

```
D R A L I Z A R I N E X W
O E E K N E K X Y B M G A
U N Y D P H A H Y L A K Q
L I C B W P N Z D W L D T
B G A X U O S S D S F O R
B N R I S R O N U O J A F
B E M M N V D R R B P N
H E I A K Z E T O A I F
O R N E X C R N N G N W N
C T E C E C M N E N N Y
W F N R R H I B N T U O Q
A D I D Z C L M L B I F C
D S T U I A I N U O R A E
E S M H L A Q A K N O D N
A H N C N K N J Q P L D F
```

78

```
I Z S L A T J K J V C E T
C D C W R M Y J O S T N L
A H F A Q U B N R M U A P
R P A A L H K E B H B L D
U A M A E V H X R G E N O
S Q I V L T A O M O A I F
S X Y L A O N R E U N G O
I U E B W E N S Y C A F U
V D M Y V A I E G I D G R
A I N S X D Y W P X O X A
Y I O S A L O M E A L S I
L R Z R L R Y T D Q U M N
G Z A R V L E D X D N W T
H P V E O L A B E L L A S
Z S E N U D H M H T T B M
```

79

```
D B Y T D X C R O R R O H
L E V O N H L U F U D W E
G B X L A I A A B C R L T
Z P W P G K I U B R C P H
B F T K P R E T B I K I E
T E X T Y R H H N Y D G S
R X U T N R S O P I O X A
C E A M I A R S I O I U R
U L V L Z H P U X X V U U
E L L I C W P U S E I U U
X E I T E C L E O D N R S
R X R O G W G V S N E W G
T N E M L A T S N I O J O
I Y D E P H E R R O Y C F
C U E R O M A N C E Y C F
```

80

```
P T X Y P P A R C S P P Y
P K K U G H R S S D E H O
R S A L C C D E C X N J M
I L B T E N O T S N I W
N E U M I J O Y U S Y H G
C B R X W E D P J P E A R
E A I K J Y W T P B M H Y
S D P O D G R S F R R A C
S I A A R C H A R L I E X
C P L Y D S K M S Y Z L T
R H S B O A F L E B U Q
A B E B U N N N T A Q G
E S R E M Q Y T E G E C T
B R H E Y B Q H Z P E Z K
W S F V U S A A T R L L N
```

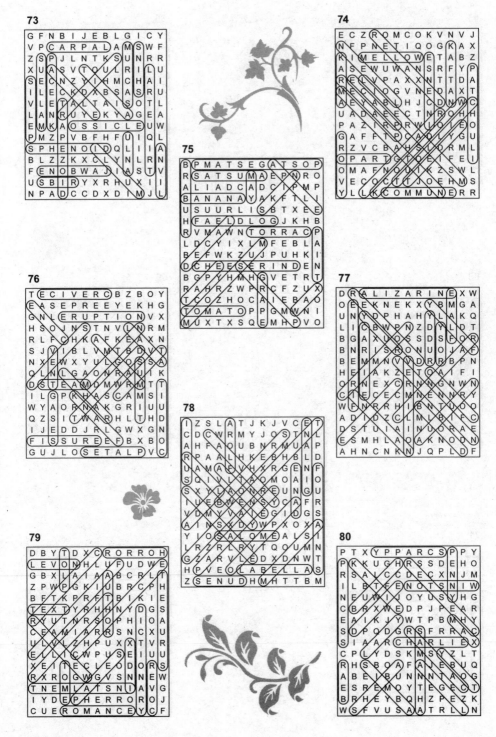

≽ 182 ≼

Solutions

81

```
H C P G S B X M Y M K W S
H I U H N Z W I G X U G O
H O V E R I S T D C G V O
S C B E V I T R E Q O W
G G E B O R S I B V I X
G U E K Y L Z A P I A R Y
A R K Y S Q R U Q M U H E
E C E A X I Z E E C X Q N
V M E J T P L Y T Y P S O
F Z P R W X V P N S M Q H
L X E U X U G C F Q U E A
F E R O P I B K K Q L L W
S O H B R A N E M B M O C
Z I O D J X E P C H S F C
I U U D W G N I M M U H H
```

82

```
E R A E P P A S I D G L K
F S G Y Y A C W K Y Z L H
W S M X K S Q D I K A I D
A R E M E P S D M F W O R W
D G E R G N E D I V M A E
H O X Y A S E B E O E M V
U R I W A T N S U H Q V K
I P T E N F S I O G N N U
W X L L U G C J E O A L L
F E V U G K A T M R M E M
R U N O F F Y H N H V A O
D E E C O R P P P A K B V
K M N C O X S K R A B M E
J A E V A E L T B I X H I
```

83

```
L L I D S R D J F Y K E L
B C H N E O I E L P M U A
E A I L B S V F F Y V C Y
B M Y L G E Y T H D I D O
F M P N R M Y T E N M P R Y
A F E R K R G A E G R R N
L W R V J Y T N Y S E Y N
E I I I R O U R E P A C E
R M S O U G R J B V L G P
O A Z E B R J X M A E E T
S R E D N E V A L Z U G C
W K C R C A I C O R Y Z B
E X Y R O C I H C L W Z L
```

84

```
R H O G N R E D W O H C I
A O S T O C K P T I O Z C
T E S P A P G R O M U I C
S K M D I M M L A T L X B
A O G L N E O H V R A R M
P Y L R E I D D A K O T U
P R B X E N W G Z T B S O
N O C T A E T N H O E A O
O X T A I L N W Y E H T
N U E A Z W D T L O F O Q
I P V L G I J D U O R Q Q
O H Y K N E W U F R N B U
T N O T N O W Y A T F Z I
B M N J M X E C Z F S L G
R U O J U D P U O S L Y E
```

85

```
L E C R O F E I T R O S Z
J Y T D D K G A G J W T M
W P U Q Z S Q L O K S V
I T A C S A A A R O F E E
Y F X C E L B K T R J U E
R A I S O N D E T R E Q S
T E L O D M W X S S X H O
C C H O R E M N Z O D F P
S U U D C H K I O T F T R
M W G U Z I U U S I Q D U
J I P M I I D E C S T I P
D N A R R E V E Z R I C A
M S H A B Q J E W Q F O A
N H I Z M A K O M D L O N
E D A S U R C J B Z V B S
```

86

```
R U M M U R O C E D R U M
Q U O R U M M P X L U M D
R U M T X T T M U R M U Z
A U U R E C N E M U R R B
G U R U Y P R U M L R T E
N X B M I P M G U A S N A
I M E B H Z M U R C H E A
M U R A C S M U R A H C D
M R E E L B M U R C X F R
U D C S U P M U R F R C R
R O E A T M U R U M U Y U
H B R J A R U M S N M R M
T U E G T N A N I M U R B
M N E S R U H W U B D Q S
L O R U M F T R U M P E T
```

87

```
E X S E L U O E S I K E B
N T L V A X Q K X U Z Z T
A B F U G N V T A I P E I
I T S B M B H A L K F G F
T B A E M A A T O S A O E
N E A O I L K I S N A J
E Q A N V J H L A A V I
I T Q M G L I N H M K S S
V A P C E K A N I E A O L
E U T D Q M O Q G O H Y A
R K W R X C Z K F A D K M
F E G N A Y G N O Y P O A
N T A S H K E N T R U T
T E H R A N A H U F G T A
G J I J E Z Q J K E W V Z
```

88

```
W E N O T G N I H S A W W
O O R Y B W W W J J O O S
W H W W H I S P E R I N G
E S U A R E R H M Y G D M
L T H G L E G S W H W E R
T E G U R T S T K W N F Q
R I P B W S E U L C V U U
Y E W T T H W H E E L U
F W Z C A E C I R K G R R A
W P O S A W S T E A Z W W
F A O H K E I H T I E R U
T H F C V F W A L L A W W
W E I W H T A S T E W E
W B W A W M W H C I H W W
```

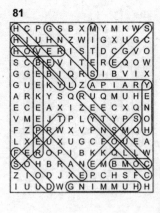

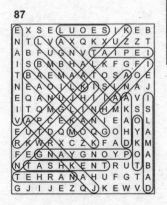

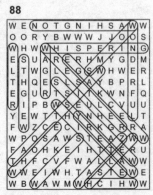

Solutions

89

90

91

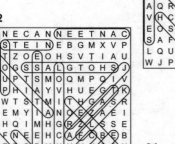

92

93

94

95

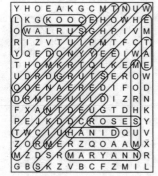

96

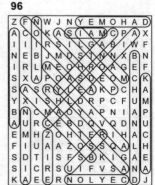

Solutions

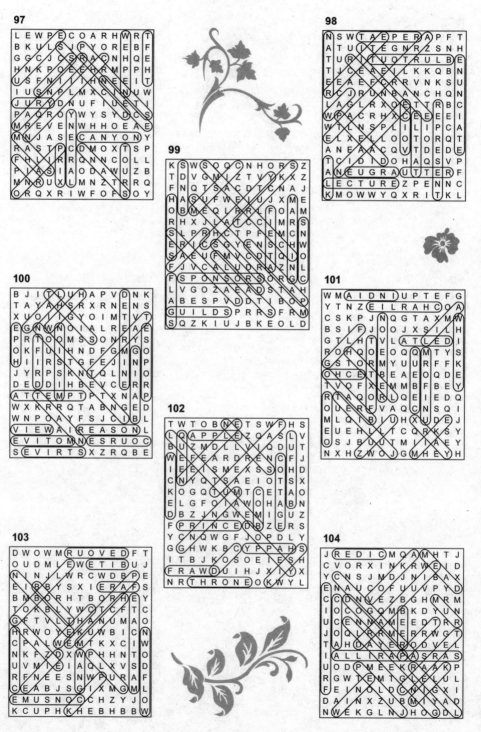

97

98

99

100

101

102

103

104

Solutions

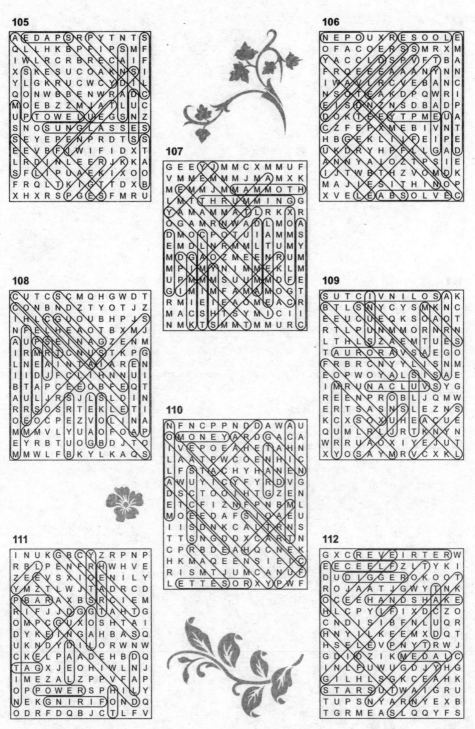

113

```
D Y E L I A B W V U H S Y
S T E N K L Z R J D T C O
X R F E G D E U D I E A C
L E D O D X U U T J S B
L A Q N W A N N A A H E A S
A V B G N O G V G Z C T F K
E O N C E I N L I T S D P
J S O H R G V L I I E Y
D L N T E A W E M D E I N
E E Y T K T M A C K G Z A
M Y S I M E S B R G E G X
X O G H N R T M E D S Z L
P Y T T E R A G N R P J J
X A S T V U O N E U X W B
A H C Z E T M D L F C A L
```

114

```
F R A Y H N P P W U G Y R
F I T T O E M R Y Y D R M
A N O T X U X E Q R N R R
W T M E Q N N A A Y I Q T
D D I P G S S G U N L R K
Z E C N G U C Y Z I G I N
M R Z J Y R T X J H G M M
I A F N A B S N L T I I I
N P V M H G I H E E N K
O O P S I F O S M I Y W U
R E F R L C R H A Q K O T
D P E E W E E T J Z N Q E
S C A N T Y U U I T I R V
S V E U U R I I F G D W C
A Q M C E D W B F C I Z J
```

115

```
B T J D K T M O E I S R H
I G N I N N I P S Y P G Z
D N P E W V O M M P Q I G
O U O V K H W R I I H Z
C H B I N H E D E L M H E
S O Y L R J A E U Z C K C
H T Y V X E Q R L D A B L
L J S X R L E P A T U L
I B E P O I C E S A O A V
S V S X P G B V C R G A G
D F S U Z Z S K R A W N E
R L O G A Q J D R U J R Y
A R L M A A L T D E C K
C E X B K C A Y F X O U R P
G N P K D E A L E R P J Q
```

116

```
O E N C E M O G A C I H C
C L C A N D E R E L L E P
J A I L H O U S E R O C K
S M S V W F A I N R R R
C P A S E X E T O O S Q Y W
O H E I R R I G I G T B Q
M D R G T C I A N G J A G
P H M O H A I L L N I B S
A G M E S X H T A P W Y E
N M S E C A F Y N N U F
Y S S J P F R V E R N K S
U I K P A L X O I U L I S
M M I M V R Y A O P F T E
L O E H S C H K Y G A Q N
A L L E R E D N I C E Q Z
```

117

```
K S S S E N I S U B T Z U
C R P I M K N K W E R C S
U A O K H T W E R O A D S
R T I N S U R A N C E V E E
T V L T P D L S L F E H R
L U I G D E E A X O L S H
X E N R N R C Y V A R D X
S V E V O I P I T L P F E
S N S U W J O E Z L S Z A
S G V B K P S K D L E V G
P R I O R I T Y U R W O C
G Y N Z I Q N E T W O R K
U U K L R C M H K D L R D
I B F M K L E X S J F F W
```

118

```
M A Q O N T J T R Z B I L
A D W Q C J J K B W H B
J F R I P R T K W S E H T
O H X Y S U O J I K R U D
S E R T C V Y C K M I F D R
E R T H S I I L A R N A Z
P O A G R F Z P O N A V A
H D L S P I D J L G S S Y
L W U S X S G P E V E R R
A I R O W T N T B G S R R
I R K H L B N F O D L E O
T Z F U L U N U N H N G
O Q L K E V J M B Z B H M
D Z W E H T T A M M I B N
```

119

```
M W Z A L M E J J V Y C E
I G Z C H E U C L X K H N
X Y L H D N H E U C L H A R
I G D W U Y B F I L S H A
D S A B E E F R M C A A A
B R G C I R E A N G U S H
D M N H W D D K Y V P E M
V R P P E K L N Y E N A I
P O K R F S W I A R C T
S E F D A V I D Y L C Y V
E M T Z A C F U L P Z N F
M D K E T F J I O A S L
A A X E R O W P R L S L I
J R R S F F Q A U G M E Y
S I N Y E T T O L R A H C
```

120

```
E E F R W S X Y A D O T R
X S B E Q S C I N T Z P E
D I A F E E M A M O H R V
H A P N E Z U W G E E E O
S T U P C U X S Z J S A L V
U P K O R A M A S E B I E
D A D P S T U P A Q R W R P
Y N J U D G E R B R O O K
U G T N D C I M K K V S E
U G B L T N M M P D O M U
E S T I M A T E U L K R X
F O Y I R A W K V E A X C
D B N D R A G E R S N T P
Q D P V J R U M I N A T E
```

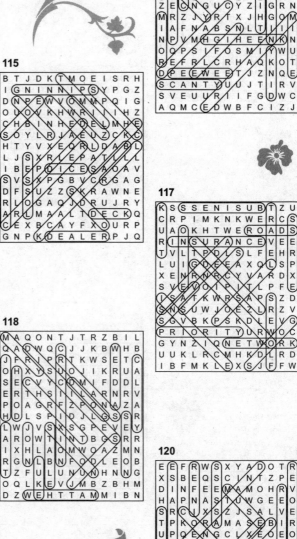

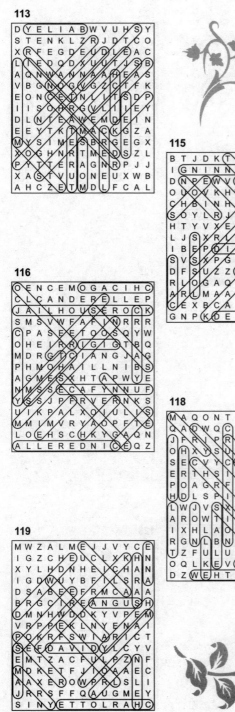

Solutions

121

```
S Y S D N O M H C I R N N
E A D E L A I D E Y A E Y
L G C M D B J E B A N P L
N A E N U B Y W A E E R A
U M L A R Z O R R O Q O S
B E T O S U P H O D F I G
E L F U N S I R V N Y L L
L G V R E E A O O Y H P A
N B A P Q H O J V N O O S A
U B U U T M E U M E M I
B A P Q H O J V Q P U P C H
N Z K A A R R E B N A C E
V P M U V H Y Q P U P C H
```

122

```
C U O H D T Y H P B K F F
U N I L W F T S R G B N A
T G O J X S I L E Z Y I T
H G A B M J A O E R B R C
X A D I Z K N O H H K A T
E M L E I S E W L W O N V
X T K G J E I X B D A I E
R R E W O P M J Z M M T I
A T F E C L K A P E M I N
W E S T R A D L L L U O W
E R W L V E P P T S N O R
H N A G E S R G W I J O R
F M L K J I Z J B N U U B
I C G Q S Q V L Y G K F L
```

123

```
U K N D E M S E I R O T S
L H Q I O H U V Z Y S U B
N Y K D F E S T A R I E S
Y W S H G A K A O L C M G
R I T U A L S V S N A A R
W S K T Z I D S H G U L E
T E Y H C N P C I S L C I
Y E F M A G E C H A A L I
C M M M W R H E V R C R G
R E X P E O O Q Y R C I I
P S L M L R L N Q E I O O
A Y O T I E L S M D E V U
K N B S I H Y C F H N E S
Y E V H Z C A S Z Z T S X
J T I H D N I A H M A S Z
```

124

```
H C D M W A S T D Z V U H
M R R M S L E X X D Y E
X O N G I S H A M E F L J
N O C M V J X N K H B C V
D K A K E J C S A V T H
D E U C G B U N Y T I K
C O N E M W O O T W Q E V
I R F H G I S J K I T F I
W P I Q P A X N H R S R E
N B T M E S L A F E F T P
K F L S I F K S Z F J N R
H T N Q P N G I A I N N O
B U K N J L A J W X U U P
F A K E Q B D L R U M O E
M E D K M G E L Y H M C R
```

125

```
K O T S O V Y Z L H I D D
L P R W K A J E M S A N F
C U D M M S I M A J R O Z
X N X O A V Q Y E T I T S
L I P H K X N H L T E V H
R U E W X H K E L O V B S
E P N R O V O O A I N A C
G I H I E K P O D N G K O J
A Q U C K G D M T L D K
Y N V I K I N G G U R T A
O E U U U H X A M N X G H
V E N L E D K B R G E I P
Q R R Q N E I J Q V O I U
B B H F M A N O I R O F L
```

126

```
C R D K S G W O E H H Y U
T S E A X C O N E T Z E
D X N V I S W Q N N O K A B
F I D L E I F S S O R C B
M C T W N L O R Z F T O N
P A E D B C S A F Y O H O
P J N S A W A T T O T W E S
N O K U Y R N A O S J P
R R N T E Y P W I K I U U
D A I B W N G B O F E K H
B N L N F A E L E L P A M
U A C R O G N A B A E S
U E G V F A G L K G B K K
N O S B O R T N U O M W D
I U I N I U Q N O G L A
```

127

```
X M S D N O M A I D S M T
R J U F J A G J E E M P N
S E W N R R M U T X W U I
M I P B L U N N A A W R L
J V L P A T B W L I O C F
P E V V O K A I S N T R A
P A Q T E C D L E T C F D
T T L T L R W H P S H U R
B L T L U A M Q Z K E M E
A V A X A T B Q O Y L E M
U H J S J D P O T A S H G
X I X G C O A L U L Q A E
I T C B I L I O H M H E C D
E R T M U N E D B Y L O M
```

128

```
B D B P S N X K A W E H B
U D O Z E L E L J O D V B
I R U D S C I I M O P Q P
W R L A P N P D S T E A
Y O O L P A T E F I S N A
G O T N P J Y N L R G M M
W Y B E H T Z K O B E X L
W N R M I L A T S Y R C R
H W S X R J H T Y J I E K
A C J Y E C E E H U H U I
N T B W O E M S T T G K V
I I T L L Z S A Q X E O
H U T D D U P E Y B S P R
C O R N U U L C N G V Q Y
N R N Y C D D L A R E M E
```

188

Solutions

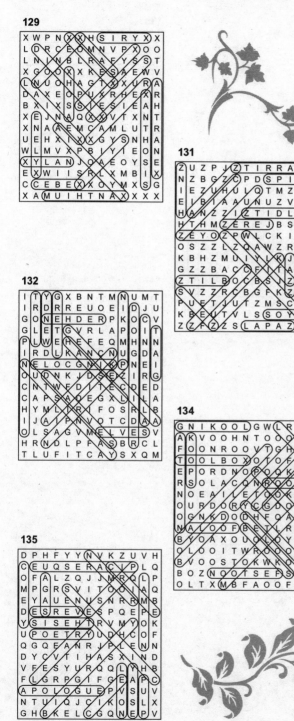

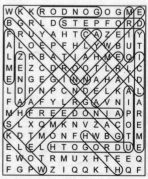

Solutions

137

138

139

140

141

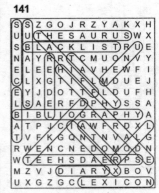

142

143

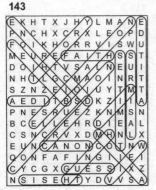

144

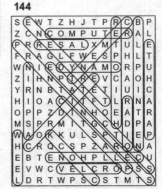

145

```
N E D L A W S B E E T X X
Q H J J O V Q M H O A P M
B X I S U N M A Z P O X E
P E R S U A S I O N O Z M
N M T S L M V H U A L Z O
E Y M S E A M R I V O X R
V K D K I V S E D G L F V
A N W W D W I T R U Y X A
R W L I C G T W B T N X H
E O A L U C A R D O I E H
H I O C A R R I E I W M T
T M N T K M A Z V V M V W
F S I E S T Z J S D I Z V
V I M P E R I U M J F L G
V O W A L D A M G I N E O
```

146

```
E W W X W Q S H U S D Y Q
C A R O U S E L P U R F W
T Z K S T Q O F E L O A U
M E E G N A H C X E A P B
R S Z S T I U R F S R M E
O K U R F R O E E Y V N S
L E T N E M A C S D I M G
L B S P O T E K R L B F B
U W E D U B I G Y X L G F
P A N R D U E A D S P E D
T I E Z Z S P D B U K U B
W S P L T I L L X A P N S C
K O J A G O E A X C Q Y P
U K R E U T Z X E Z R V X
T T G J V S M U L P B A U
```

147

```
C Y O N N Z T E N N U P M
C N N S N G I S O L G I Q
Q D F S C N I N I G N H R
N U N L A X B H N N C N V
U W E N N V R C O I G Y D
G B H S H E A W G N A T E
Y R Y I T A N N I C N I C
R R W D N I N N I Z U I T
E N E O E N O N N A R N O
I S W N N V W S F H N N T
N K I U N N N C N U W A N
A Y N N M I T N N K S I U
P N T Z A N T E N N A R Y
L E N N O S R E P Y S C E
```

148

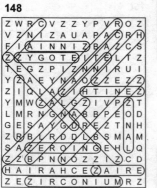

```
Z W R C V Z Z Y P V R O Z
V Z N I Z A U A P A C R H
F I A I N N I Z B A Z C S
Z Z Y G O T E I T E L T Z
T E G Z P I Z N R U I
Y Z A E Y N A O Z Z E Z Z
Z I Q L A Z H T I N E Z
Y M W Z A L G Z I V P Z T
L M R N G N A B B P E O D
G E S A V G D R E Z T N H
Z R B L R D B E Z S M A H
S A Z E R O I N G E H L Q
Z Z B P N N O Z Z I Z C D
H A I R A H C E Z A I R E
Z E Z I R C O N I U M R Z
```

149

```
T D V V B O W T Y N G R D
E E Y K H Q Z Z P E W E L I
C S D B F D Y F L O T T M
L T Y E U T E T U Y H T M
U N Q M E N T P T Q U W Q
O D B E V P E R Y U U D B J
K X L K G A L D I H R N
Y E A L E T E P V I V M
I N W Y N I T H W L L D Y
D C A I H O S T E K E Z S
Z S E V S S E Q V T D J W
C N Z M I N U T D O I X R
T R J T D X H M W Y P C F
Q F I E I Q W N M I S T Y
T H R M X L Y F F U L F I
```

150

```
I H A V A U G K M R E J S
L I P P L E I O S T A M D
G H W Q B W R L A K X E W
U A U E L A R N J H G P
Y C P N W A G O Y C M V
O P A R G U R S Y R M A P U
C A D E E R E W G G P L L
I P M V C B H O E Z N T E
R O K L N P E Z A O E A U
P J E A K H S U L E P U A
A M R X T G G E L E R G T
B C Y A X Y M V W B R G N I P
C N E C T A R I N E G T P
E M I L E A K D Q F N V
```

151

```
R M O F H C F R A K I S N
P Y F I T O N B E B I D T
Z F A D M I T F B V S H
B Q J T P B S B U E D R
V X Z E H E A X O F E A Z
N Q L D T L F R I R Q L
N L C R S D M A S U
E M A J E R L A C F L S E
L Y W G O M I C F L S D R
E G G F O N X N D Y N C J
V X N X F H P N O A E L
U L P O V S K I B G O A Q
N L R O T Z A U O R K R S
C M S X S E F R D J B E B
E P X Q E E L A C J U B D
```

152

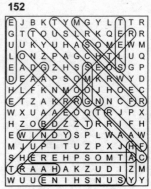

```
E J B K T Y M G Y L T T R
T O U S L R K Q E R R
U U K Y U H A S O M E W
L O N Z P A G C H T L U Q
E A D G Z H S S E O S D
D E A A P S O M K R W Y D
H L F K N M O O J H O E C
E T Z A K R Q R G N N C F
W X U A A E O Q T R J P X
H Z O B D Z Z T R R I F H
W I N D Y S P L W A A W
M J U P I T U Z P X J H F
S H E R E H P S O M T A C
T R A A H A K Z U D I Z M
W U U E N I H S N U S Y Y
```

Solutions

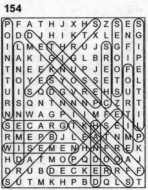

153

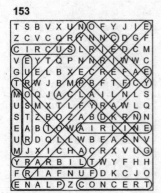

154

155

156